珠三角与粤东西北地区乡村振兴路径研究

徐永坚　主编

SPM
南方传媒

广东科技出版社
全国优秀出版社

· 广 州 ·

图书在版编目（CIP）数据

珠三角与粤东西北地区乡村振兴路径研究 / 徐永坚主编. —广州：广东科技出版社，2025.1

ISBN 978-7-5359-8291-9

Ⅰ.①珠⋯　Ⅱ.①徐⋯　Ⅲ.①农村经济建设—研究—广东　Ⅳ.①F327.65

中国国家版本馆CIP数据核字（2024）第004337号

珠三角与粤东西北地区乡村振兴路径研究
Zhu-Sanjiao Yu Yuedongxibei Diqu Xiangcun Zhenxing Lujing Yanjiu

出 版 人：严奉强
责任编辑：刘锦业
封面设计：彭　力
责任校对：杨　乐
责任印制：彭海波
出版发行：广东科技出版社
　　　　　（广州市环市东路水荫路11号　邮政编码：510075）
销售热线：020-37607413
https://www.gdstp.com.cn
E-mail：gdkjbw@nfcb.com.cn
经　　销：广东新华发行集团股份有限公司
排　　版：创溢文化
印　　刷：广州市东盛彩印有限公司
　　　　　（广州市增城区新塘镇上邵村第四社企岗厂房A1　邮政编码：510700）
规　　格：787 mm×1 092 mm　1/16　印张13　字数260千
版　　次：2025年1月第1版
　　　　　2025年1月第1次印刷
定　　价：88.00元

如发现因印装质量问题影响阅读，请与广东科技出版社
印制室联系调换（电话：020-37607272）。

《珠三角与粤东西北地区乡村振兴路径研究》
编委会

前　言

自2017年党的十九大提出实施乡村振兴战略以来，广东省委、省政府结合本省实际，紧紧围绕"产业兴旺、生态宜居、乡风文明、治理有效、生活富裕"二十字方针，大大推动乡村振兴战略实施，并取得了显著的成效。2023年，广东省委、省政府印发《关于做好2023年全面推进乡村振兴重点工作的实施意见》，意见提出：聚焦实施"百县千镇万村高质量发展工程"，聚力广东"三农"高质量发展，牢牢守住确保粮食安全和防止规模性返贫等底线，力争农民收入增速高于城镇居民、粤东粤西粤北地区农民收入增速高于全省平均水平，持续缩小城乡居民收入差距，加快把县镇村发展的短板转化为高质量发展的潜力板。广东作为全国经济发达的省份之一，在珠三角地区与粤东粤西粤北地区仍存在着区域发展不平衡的现象。当前，如何从根本上进一步缩小城乡差距、改变区域发展不平衡的现状，是广东亟须破解的重大命题。

本书编写组针对广东实施乡村振兴战略的情况，开展了为期两年的现场踏勘、深入访谈和问卷调查，组织了多次专家研讨会，并充分学习国内外的案例经验，在典型乡镇示范点开展多方面的创新规划实践，以探索面向未来的、更具针对性的乡村振兴路径。本书分3个篇章：

第一篇为基础研究篇。介绍我国乡村发展历程，明确乡村振兴战略的指导思想、目标任务和基本原则，并对相关政策进行疏理。从时间的维度，分析过去二十年和今后二十年，广东乡村建设的发展历程与规划前景；从空间的维度，科学梳理珠三角、粤东西北（粤东、粤西、粤北）地区不同区域的镇村发展经验，翔实介绍广东特色的帮镇扶村工作队制度及其成效，深入调查青年下乡返乡的意愿；并在此基础上，总结广东乡村振兴面临的现状问题和区域差异。

第二篇为路径探索篇。学习国内外乡村振兴的成功案例，分析国内外乡村建设的有益经验，总结可以借鉴的做法与模式。基于"两山"理论，提出基于生态文明的乡村振兴策略；结合省情，提出广东实施乡村振兴战略的总体目标、重点任务与城乡协调发展路径，以及珠三角、粤东西北地区的差异化发展路径。

第三篇为规划实践篇。不同区域的自然地理条件、经济社会基础、历史文化特色、乡村建设基础等具有差异，因此镇级乡村振兴规划应立足本镇实际与自身特点，提出适合、可行、有效的乡村振兴路径。本书编写组选取了近两年编制的8个典型乡镇的乡村振兴规划案例，分析总结不同地区、不同类型乡镇的乡村振兴实践经验，以期为全省乃至全国不同类型乡镇乡村振兴提供借鉴。

书中如有疏漏，请广大读者予以批评指正！

编者

2023年10月

目　　录

基础研究篇

路径探索篇

规划实践篇

基础研究篇

　　第一章，基于众多学者的研究成果，从发展历程、战略背景等方面解读乡村振兴战略。深入分析中华人民共和国成立以来我国乡村发展的5个阶段。剖析党的十九大提出的乡村振兴战略指导思想、目标任务和基本原则。梳理实施乡村振兴战略以来，各部委出台的相关政策、规划。

　　第二章，基于对广东不同地区乡村建设现状的调研，结合帮镇扶村工作队访谈、青年返乡意愿调查等，深入剖析广东乡村建设的现状与存在的问题。从时间维度，将广东乡村建设历程分为基础设施完善、建设优化提升、乡村振兴实施3个阶段，总结乡村建设在各阶段的举措与成效；从空间维度，通过对珠三角和粤东、粤西、粤北不同区域的典型镇村调研和访谈，总结广东乡村振兴方面依然存在的问题，以及珠三角和粤东西北的区域差异。

第一章　乡村振兴战略解读

一、乡村发展历程及乡村振兴战略背景

（一）乡村发展历程

新中国成立后，我国乡村发展历程大致可划分为5个阶段：发展起步期、制度改革期、深化改革期、体制转型期和快速发展期[1]。

发展起步期（1949—1978年）。新中国成立后到改革开放前的近30年间，我国农村经济发展主要以提高农业生产产量为目的，积累的农村集体经济相当大部分被投入农田水利与基础设施建设方面。农村经济发展和农民生活质量提高较为缓慢，城乡基础设施和公共服务差距较大。

制度改革期（1979—1993年）。改革开放后，我国实行家庭联产承包责任制，农业生产力得到释放，自上而下的政府主导模式逐渐被打破，农户家庭和乡镇企业成为乡村经济的两个重要单元。

深化改革期（1994—2003年）。1994年，中央农村工作会议文件正式提出，农村基本经营制度建设作为深化农村改革的第一项内容。1998年，十五届三中全会通过的《中共中央关于农业和农村工作若干重大问题的决定》，将长期坚持以家庭承包经营为基础、统分结合的双层经营体制，确定为我国农业和农村跨世纪发展的重要方针之一。

体制转型期（2004—2011年）。2004年12月召开的中央经济工作会议明确指出，要下决心合理调整国民收入分配格局，实行工业反哺农业，城市支持农村的方针。党的十六届五中全会提出，要按照生产发展、生活宽裕、乡风文明、村容整洁、管理民主的要求，建设社会主义新农村。在《中华人民共和国国民经济和社会发展第十一个五年规划纲要》中，正式提出建设社会主义新农村。此阶段是新农村建设的萌芽阶段，我国乡村发展理念发生转变，不再仅是重视农业生产，而是兼顾社会、经济和生态等多方面。

快速发展期（2012年之后）。进入2012年，我国乡村发展步入了攻坚克难的时期，同时也迈进了快速发展期。2015年，中共中央、国务院作出打赢脱贫攻坚战的决定，全面实施精准扶贫，推动了我国扶贫战略实现重大转变。2017年，党的十九大提出实施乡村振兴战略，农村发展迎来了全新的机遇。2021年，我国取得了脱贫攻坚全面胜利，消除了绝对贫困，区域性整体贫困得到解决，并迈向了乡村振兴的新征程。

（二）乡村振兴战略的背景

随着新时代的到来，为适应新的变化，针对"三农"问题，党的十九大提出了实施乡村振兴战略。这是多重因素共同作用的结果，主要的背景与原因如下：

长期重城轻乡导致"乡村病"问题。我国长期实行城乡二元结构体制和"重城轻乡"政策，在积极推动国家经济社会进步的同时，不可避免地形成了以农村空心化、农业边缘化、农民老龄化、乡村传统文化衰落、乡村治理存在隐患等为特征的"乡村病"。为解决城乡发展不平衡不充分问题，消解城乡二元结构间存在的沟壑，根治"乡村病"，以坚持农业农村优先发展和建立健全城乡融合发展体制机制和政策体系为主要特征的乡村振兴战略应运而生。

农村内生动力不足问题亟须解决。改革开放后，在以国内生产总值（GDP）为导向的激励结构下，乡村有限资源的配置多以经济指标的虚增长为目标，而未用于乡村真正需要的服务和内生动力的提升，故乡村内生动力的基础薄弱。随着新发展理念的提出，以及以人民为中心的发展思想的确立，强调包容性制度和乡村内生动力建设的乡村振兴战略随之产生。

城市化中后期的生产要素在城乡流动的趋势改变。国际经验显示，生产要素在城乡之间的流动与城市化率相关联。当城市化率超过50%时，生产要素就会呈现向农业部门流动的趋势。乡村由于内含的历史文化、自然生态等特征而成为新的消费场所。2007年，世界城市化率达50%，世界范围内的城乡关系进入一个新阶段。2017年末，中国城市化率上升至58.52%，我国亦进入工业化中后期，农村劳动力向城市流动的趋势接近新拐点，同时伴生了城市劳动力成本上升和招工难现象。乡村振兴战略的提出和实施，顺应了城市化中后期的社会发展规律，推进乡村振兴，是促进城乡融合、实现全民共同富裕的必经之路。

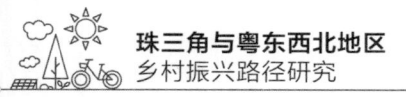
二、实施乡村振兴的总体要求

乡村振兴战略，坚持农业农村优先发展，按照"产业兴旺、生态宜居、乡风文明、治理有效、生活富裕"的总要求，建立健全城乡融合发展体制机制和政策体系，加快推进农业农村现代化。2018年1月2日，《中共中央 国务院关于实施乡村振兴战略的意见》明确地提出了乡村振兴的总体要求[2]。

（一）指导思想

全面贯彻党的十九大精神，以习近平新时代中国特色社会主义思想为指导，加强党对"三农"工作的领导，坚持稳中求进工作总基调，牢固树立新发展理念，落实高质量发展的要求，紧紧围绕统筹推进"五位一体"总体布局和协调推进"四个全面"战略布局，坚持把解决好"三农"问题作为全党工作的重中之重，坚持农业农村优先发展，按照"产业兴旺、生态宜居、乡风文明、治理有效、生活富裕"的总要求，建立健全城乡融合发展体制机制和政策体系，统筹推进农村经济建设、政治建设、文化建设、社会建设、生态文明建设和党的建设，加快推进乡村治理体系和治理能力现代化，加快推进农业农村现代化，走中国特色社会主义乡村振兴道路，让农业成为有奔头的产业，让农民成为有吸引力的职业，让农村成为安居乐业的美丽家园。

（二）目标任务

按照党的十九大提出的决胜全面建成小康社会、分两个阶段实现第二个百年奋斗目标的战略安排，实施乡村振兴战略的目标任务是：

——到2020年，乡村振兴取得重要进展，制度框架和政策体系基本形成。

——到2035年，乡村振兴取得决定性进展，农业农村现代化基本实现。

——到2050年，乡村全面振兴，农业强、农村美、农民富全面实现。

（三）基本原则

坚持党管农村工作。毫不动摇地坚持和加强党对农村工作的领导，健全党管农村工作领导体制机制和党内法规，确保党在农村工作中始终总揽全局、协调各方，为乡村振兴提供坚强有力的政治保障。

坚持农业农村优先发展。把实现乡村振兴作为全党的共同意志、共同行动，做到认识统一、步调一致，在干部配备上优先考虑，在要素配置上优先满足，在资金投入上优先保障，在公共服务上优先安排，加快补齐农业农村短板。

坚持农民主体地位。充分尊重农民意愿，切实发挥农民在乡村振兴中的主体作用，调动亿万农民的积极性、主动性、创造性，把维护农民群众根本利益、促进农民共同富裕作为出发点和落脚点，促进农民持续增收，不断提升农民的获得感、幸福感、安全感。

坚持乡村全面振兴。准确把握乡村振兴的科学内涵，挖掘乡村多种功能和价值，统筹谋划农村经济建设、政治建设、文化建设、社会建设、生态文明建设和党的建设，注重协同性、关联性，整体部署，协调推进。

坚持城乡融合发展。坚决破除体制机制弊端，使市场在资源配置中起决定性作用，更好发挥政府作用，推动城乡要素自由流动、平等交换，推动新型工业化、信息化、城镇化、农业现代化同步发展，加快形成工农互促、城乡互补、全面融合、共同繁荣的新型工农城乡关系。

坚持人与自然和谐共生。牢固树立和践行绿水青山就是金山银山的理念，落实节约优先、保护优先、自然恢复为主的方针，统筹山水林田湖草系统治理，严守生态保护红线，以绿色发展引领乡村振兴。

坚持因地制宜、循序渐进。科学把握乡村的差异性和发展走势分化特征，做好顶层设计，注重规划先行、突出重点、分类施策、典型引路。既尽力而为，又量力而行，不搞层层加码，不搞一刀切，不搞形式主义，久久为功，扎实推进。

三、乡村振兴相关政策梳理

自党的十九大提出实施乡村振兴战略以来，中共中央、国务院颁布了《中共中央 国务院关于实施乡村振兴战略的意见》，之后相关部门陆续出台了多项支持性、配套性的政策文件（附录1）。本书选取了较核心的政策文件，整理其核心内容，作为各地推动乡村振兴战略实施的指引，具体如下。

1. 《中共中央　国务院关于实施乡村振兴战略的意见》

2018年中央一号文件《中共中央 国务院关于实施乡村振兴战略的意见》，以习近平新时代中国特色社会主义思想为指导，全面贯彻党的十九大精神，围绕实施乡村振兴战略讲意义、定思路、定任务、定政策、提要求，对当前和长远农业农村工作作出总体规划，提出提升农业发展质量、推进乡村绿色发展、繁荣兴盛农村文化、推进体制机制创新等一系列要求，谋划新时代乡村振兴的顶层设计。

2. 《乡村振兴战略规划（2018—2022年）》

2018年9月26日，中共中央、国务院印发《乡村振兴战略规划（2018—2022年）》[3]，规划以习近平总书记关于"三农"工作的重要论述为指导，按照"产业兴旺、生态宜居、乡风文明、治理有效、生活富裕"的总要求，对实施乡村振兴战略作出阶段性谋划，分别明确至2020年全面建成小康社会和2022年召开党的二十大时的目标任务，细化实化工作重点和政策措施，部署重大工程、重大计划、重大行动，确保乡村振兴战略落实落地，是指导各地区各部门分类有序推进乡村振兴的重要依据。

3. 《乡村振兴科技支撑行动实施方案》

为深入贯彻党的十九大精神，落实2018年中央一号文件和《乡村振兴战略规划（2018—2022年）》有关部署要求，2018年9月30日农业农村部办公厅组织编制并印发了《乡村振兴科技支撑行动实施方案》。该实施方案以习近平新时代中国特色社会主义思想为指导，依据乡村振兴战略的总要求，致力运用科技、产业、金融及资本等多种创新要素，积极推动关键技术创新、生态循环模式创建、典型示范引领及新型生产经营主体和体制机制创新，明显提升科技对农业质量效益的竞争力和农村生态环境改善的支撑能力，推动我国农业农村发展质量变革、效率变革、动力变革，进而实现我国乡村全面振兴和农业农村现代化。

4. 《关于促进乡村产业振兴的指导意见》

2019年6月17日，国务院下发了《关于促进乡村产业振兴的指导意见》，从七个方面提出乡村产业振兴28项具体措施，7个方面分别为：一是突出优势特色，培育壮大乡村产业；二是科学合理布局，优化乡村产业空间结构；三是促进产业融合发展，增强乡村产业聚合力；四是推进质量兴农绿色兴农，增强乡村产业持续增长力；五是推动创新创业升级，增强乡村产业发展新动能；六是完善政策措施，优化乡村产业发展环境；七是强化组织保障，确保乡村产业振兴落地见效。

5. 《全国乡村产业发展规划（2020—2025年）》

2020年7月9日，农业农村部印发了《全国乡村产业发展规划（2020—2025年）》（以下简称《规划》），提出要发掘乡村功能价值，强化创新引领，突出集群成链，培育发展新动能，聚集资源要素，大力发展乡村产业，为农业农村现代化和乡村全面振兴奠定坚实基础。《规划》对实施乡村振兴战略第一个五年工作作出了具体的部署，这是指导各地区各部门分类有序推进乡村振兴的重要依据。

6.《中共中央　国务院关于全面推进乡村振兴加快农业农村现代化的意见》

2021年1月4日，中央一号文件提出全面推进乡村振兴，全文包括五个部分：总体要求、实现巩固拓展脱贫攻坚成果同乡村振兴有效衔接、加快推进农业现代化、大力实施乡村建设行动、加强党对"三农"工作的全面领导。文件指出，"十四五"时期是乘势而上开启全面建设社会主义现代化国家新征程、向第二个百年奋斗目标进军的第一个五年。该文件明确，把乡村建设摆在社会主义现代化建设的重要位置，全面推进乡村产业、人才、文化、生态、组织振兴，充分发挥农产品供给、生态屏障、文化传承等功能，走中国特色社会主义乡村振兴道路，加快农业农村现代化，加快形成工农互促、城乡互补、协调发展、共同繁荣的新型工农城乡关系，促进农业高质高效、乡村宜居宜业、农民富裕富足。

7.《中共中央　国务院关于做好2022年全面推进乡村振兴重点工作的意见》

2022年，中共中央、国务院发布《中共中央 国务院关于做好2022年全面推进乡村振兴重点工作的意见》，提出两条底线任务、三方面重点工作。

（1）两条底线任务

保障国家粮食安全。实行耕地保护党政同责，严守18亿亩（1亩＝1/15公顷）耕地红线。按照耕地和永久基本农田、生态保护红线、城镇开发边界的顺序，统筹划定落实三条控制线，把耕地保有量和永久基本农田保护目标任务足额带位置逐级分解下达，由中央和地方签订耕地保护目标责任书，作为刚性指标实行严格考核、一票否决、终身追责。

不发生规模性返贫。推动脱贫地区更多依靠发展来巩固拓展脱贫攻坚成果，让脱贫群众生活更上一层楼。巩固提升脱贫地区特色产业，完善联农带农机制，提高脱贫人口家庭经营性收入。

（2）三方面重点工作

扎实做好乡村发展重点工作。重点发展农产品加工、乡村休闲旅游、农村电商等产业。实施乡村休闲旅游提升计划，支持农民直接经营或参与经营的乡村民宿、农家乐特色村（点）发展，促进农副产品直播带货规范健康发展。

扎实做好乡村建设重点工作。为农民而兴、为农民而建，坚持自下而上、村民自治、农民参与。立足现有基础，不盲目拆旧村、建新村，不超越发展阶段搞大融资、大开发、大建设，避免无效投入造成浪费，防范村级债务风险。

扎实做好乡村治理重点工作。驻村第一书记和工作队抓党建促乡村振兴。支持农民自发开展村歌、"村晚"、广场舞、趣味运动会等体现农耕农趣农味的文化体育活动。办好中国农民丰收节。

8.《中共中央　国务院关于做好2023年全面推进乡村振兴重点工作的意见》

2023年，中共中央、国务院发布《中共中央　国务院关于做好2023年全面推进乡村振兴重点工作的意见》，总结为三方面重点工作：

（1）守底线

坚决守牢确保粮食安全、防止规模性返贫等底线；抓紧抓好粮食和重要农产品稳产保供；加强农业基础设施建设；强化农业科技和装备支撑；增强脱贫地区和脱贫群众内生发展动力。

（2）促振兴

推动乡村产业高质量发展；培育乡村新产业新业态；促进农民就业增收、农业经营增效；建设宜居宜业和美乡村。

（3）强保障

让广大农民共享改革发展成果；健全乡村振兴多元投入机制；加强乡村人才队伍建设，坚持培养和引进相结合；健全乡村振兴推进机制：建设责任制、督查考核机制、统计监测制度。

（徐永坚　张皓瑛）

第二章　广东乡村建设二十年

一、广东乡村建设历程

自党中央2005年提出建设社会主义新农村的号召至今近二十年时间，广东乡村建设历程总体可分为3个阶段。

（一）基础设施完善阶段（2005—2012年）

2006年5月，为积极响应党中央关于建设社会主义新农村的号召，广东省委、省政府出台《关于加快社会主义新农村建设的决定》，提出加快社会主义新农村建设，应坚持以经济建设为中心，坚持统筹城乡发展，坚持规划先行、分步实施，坚持因地制宜、分类指导，坚持尊重农民群众意愿。此后，广东省出台实施了一系列惠及全省农民的政策措施，如实施"双到"扶贫，全面推进改善农村人居环境，加强农村公共基础设施建设等。此阶段广东乡村建设的重点在于加大财政资金投入"三农"领域力度，完善公共基础设施，改善农村人居环境。经过多年逐步推进，"十一五"期间农民人均纯收入年均增长10.5%，城乡居民收入比由"十五"末期的3.12：1缩小至3.03：1。但随着新农村建设进程的不断加快，一些问题也不可避免地暴露出来，如大量集体农业用地被转用和征收为建设用地、基层选举制度法规不完善、农村环境污染与农产品安全生产形势严峻等。

（二）建设优化提升阶段（2013—2017年）

经过上一阶段的基础设施完善及人居环境整治，广东农村建设进入优化提升阶段。

1. 进一步促进粤东西北地区乡村振兴

2013年是广东省全面贯彻落实党的十八大和习近平总书记视察广东重要讲话精神的开局之年。2013年8月，广东省委、省政府印发《进一步促进粤东西北地区振兴发展的决定》（以下简称《决定》），明确提出以交通基础设施建设、产业园区扩能增效、中心城区扩容提质为"三大抓手",重点突破,推动粤东西北地区加快发展,实现与珠三角地区"双轮驱动"。《决定》印发后,广东省调整区域经济结构,开启"交通大会战",构筑覆盖粤东西北地区的交通大动脉;同时大力实施主体功能区规划和提升珠三角带动粤东西北地区战略,坚定不移推进"双转移"和扶贫开发"双到",促进环珠三角地区与珠三角核心区融合发展,支持粤东西北地级市城区扩容提质、聚集发展、率先崛起。

2. 推动省级新农村示范片建设工程

2014年,广东省委部署推进"省级新农村示范片建设工程",从2014年开始连续三年,全省各地级市全面推进"省级新农村示范片建设工程",每年启动1个示范片建设工程。同时,省级财政筹措资金,重点扶持14个欠发达地区的省级新农村示范片建设工程,每年划拨扶持资金1亿元用于建设1个示范片,逐步形成成片连线、整体打造、带动全局的创建氛围,推动全省新农村建设迈上新阶梯。

截至2016年底,广东共建设了61个省级新农村示范片。其中,粤东西北地区启动实施2 213个建设项目,建成28个省级示范片,累计投入建设资金24.7亿元,包括省财政专项资金7.2亿元,撬动社会、整合部门和发动乡贤及群众筹措的资金共17.5亿元。同时,省级新农村示范片充分发挥示范作用,全面推动全省农村人居环境综合整治,把农村人居环境综合整治作为省级示范片建设的基础性工作。

3. 加快农村人居环境综合整治建设美丽乡村

2016年,广东省出台《关于加快农村人居环境综合整治建设美丽乡村三年行动计划》,明确要求在各县(市、区)范围内全域推进农村人居环境综合整治,力争到2018年,珠三角地区基本完成全部自然村人居环境综合整治任务,粤东西北地区完成80%以上。

4. 加快特色小(城)镇建设

2017年6月,广东省发展改革委、省科技厅、省住房和城乡建设厅联合印发《关于加快特色小(城)镇建设的指导意见》,指出到2020年,全省建成100个左右产业"特而强"、功能"聚而合"、形态"精而美"、机制"活而新"的省级特色小镇,使其成为广东省新的经济增长点。

5. 创建社会主义新农村示范村

2017年7月,广东省委办公厅、广东省人民政府办公厅联合印发《关于2 277

个省定贫困村创建社会主义新农村示范村的实施方案》，由省级财政安排新增资金313亿元对2 190个（剔除已纳入新农村示范片建设的87个贫困村）省定贫困村进行建设。

（三）乡村振兴实施阶段（2018年以来）

在过去十年，广东虽然意识到粤东西北地区发展落后，但未能从根本上解决乡村发展的内生动力不足问题，从而制约了粤东西北地区乡村的充分发展和持久发展，也难以打破城乡发展不平衡的局面。国家提出乡村振兴战略后，广东省围绕"实现农业农村现代化"的总目标，按照"产业兴旺、生态宜居、乡风文明、治理有效、生活富裕"的总要求，发布一系列政策措施，推动粤东西北地区乡村振兴战略实施。截至2020年，广东省2 277个省定贫困村村均集体经济收入达33.5万元，有劳动能力的贫困户年人均可支配收入15 147元，省内161.5万相对贫困人口全部脱贫，2 277个省定贫困村全部达到脱贫出列标准。

1. 实施"三清三拆三整治"

2018年5月，广东省委、省政府印发《关于全域推进农村人居环境整治建设生态宜居美丽乡村的实施方案》，力争用3年时间完成全省农村人居环境整治，用10年时间将全省农村全面建设成为生态宜居美丽乡村。2018年年底前，博罗县、德庆县、新兴县、翁源县和四会市作为农村人居环境整治示范县（市）先行先试，粤东西北地区60%以上村庄、珠三角地区全部村庄基本完成"三清理""三拆除""三整治"环境整治任务。

2. 发展"一村一品、一镇一业"

2018年9月，广东省农业农村厅、省林业厅、省海洋与渔业厅共同编制《广东省"一村一品、一镇一业"富民兴村三年行动方案（2018—2020年）》。方案提出，到2020年，实现粤东西北地区74个县（市、区）"一村一品、一镇一业"发展全覆盖，每个县（市、区）至少形成1~2个主导产品和主导产业，全省建成200个以上"一村一品、一镇一业"农业特色专业镇，1 000个以上农业特色专业村。2019年4月，广东省农业农村厅发布了《广东省农业农村厅"一村一品、一镇一业"建设工作方案》，指出每年统筹整合省级及以上资金约11亿元，用于"一村一品、一镇一业"建设。

3. 制定乡村振兴"十四五"行动计划

针对现阶段广东乡村建设的实际情况和乡村振兴路径，2021年，广东省人民政府发布《广东省推进农业农村现代化"十四五"规划》。

村庄分类计划。响应国家乡村振兴战略规划的要求，在分区的基础上，根据村庄现状特征与发展方向等要素，对村庄进行进一步分类，并提出相应的分类发展引导。

农房风貌提升计划。针对乡村风貌仍存在的"村庄布局乱、农房面貌差、地域特色缺"等问题，在摸清现状的基础上，出台农村规划和农房建设的地方性法规和政策体系，建立事后监管体系，发挥市场作用，激活乡村资源要素，对标浙江省的"千村示范、万村整治"工程，打造精品示范区。

基本公共服务的均衡化计划。优化城乡基本公共服务资源配置、实现城乡基本公共服务均衡化发展。鼓励社会力量参与制定帮扶机制，重点建设一批区域性或跨区域的重大基础设施工程；加大对落后乡村地区的政策倾斜和财政支持力度，梯次推进基本公共服务均等化进程，发挥基本公共服务水平较高地区的示范带动作用；针对不同村域特色，借助乡村旅游、人居环境整治、乡村资本培育等发展路径，提升基础设施和基本公共服务水平。

农村生活污水处理计划。结合不同村庄实际情况，选用切实可行的生活污水收集处理方式。对于自然村分布较为集中、人口规模较大的村庄可采取集中收集，统一并入镇上的大型污水处理设施；对于自然村分布较为分散、人口规模较小、生活污水排放量小的村庄采取污水分散处理。同时，加大资源整合力度，结合各县（市）农村生活污水治理专项规划的实施，加大农村环境综合整治和村庄生活污水处理的资金争取和投入力度。

活跃市场计划。探索可持续助力乡村振兴的商业模式，吸引社会资本参与乡村振兴，让资本市场持续发挥助推作用，更好地为"三农"政策服务。一是发挥"保险+期货"在服务乡村产业中的作用，继续把农业农村作为一般公共预算优先保障领域。二是积极探索涉农领域相关项目的合理回报机制，加大项目对社会资本的吸引力，鼓励进入的社会资本创新运营模式，提高运营效率，降低项目成本，合理提高项目回报水平。三是建立健全激励机制，撬动社会资本投向农业农村，探索财政奖补机制，对长期支持乡村振兴的社会资本给予财政支持、贴息政策和配套项目投入，形成吸引社会资本持续投入的政策体系。四是创新社会资本进入涉农领域模式，健全完善企业与农户的利益联结机制，鼓励农户通过产权、技术、产品等与企业开展多种形式的合作与联合，使普通农户能够分享到农业经营的收益，促进农民增收，同时减少订单农业发展过程中的违约现象。

4. 成立乡村振兴局

2021年5月10日，前身是广东省扶贫开发领导小组办公室的广东省乡村振兴局正式挂牌成立。省乡村振兴局的挂牌成立，标志着在广东省圆满完成脱贫攻坚历史使命后，"三农"工作重心实现历史性转移，广东乡村振兴迎来全面推进新阶段，也标志着广东省正式拉开"巩固拓展脱贫攻坚成果同乡村振兴有效衔接"的帷幕。在省委农村工作（实施乡村振兴战略）领导小组的领导下，省乡村振兴局开展巩固拓展脱贫攻坚成果、全面推进乡村振兴等有关工作。

5. 部署驻镇帮镇扶村工作

2021年6月24日，广东召开全省乡村振兴驻镇帮镇扶村工作动员部署电视电话会议，动员部署全域全覆盖推进全省1 127个乡镇、近两万个行政村全面振兴。会上，《广东省乡村振兴驻镇帮镇扶村工作方案》（以下简称《方案》）重磅发布，作为广东省开展乡村振兴驻镇帮镇扶村工作的行动纲领和"施工图"，《方案》指出，力争到2022年，全省脱贫攻坚成果进一步巩固拓展，镇村同建同治同美取得显著成效；到2027年，全省乡村振兴取得战略性成果，镇村面貌实现根本改变；到2035年，全省农业高质高效、乡村宜居宜业、农民富裕富足目标总体实现，乡村基本实现现代化。开展乡村振兴驻镇帮镇扶村工作，是广东省巩固拓展脱贫攻坚成果、全面推进乡村振兴的一大创新举措，是全面推进乡村振兴的主抓手、主平台。驻镇帮镇扶村工作突出工作队驻镇，从过去"驻村帮扶"向"驻镇帮镇扶村"转变，将帮扶对象单元由行政村上提一级到乡镇，发挥乡镇上连县、下连村的纽带作用，加快县镇村统筹发展。《方案》明确，2021—2025年，粤东西北地区12市和肇庆市所辖901个乡镇按平均每个乡镇每年2 000万元的标准筹集资金，重点用于巩固拓展脱贫攻坚成果和推进乡村振兴、发展富民兴村产业等。

6. 推进"百千万工程"

2023年2月，广东省公布《中共广东省委关于实施"百县千镇万村高质量发展工程"促进城乡区域协调发展的决定》，并成立"百千万工程"指挥部，启动实施"百千万工程"。

"百千万工程"的总体目标是"抓好一三五、做强百千万"，具体工作部署是四项任务、九大重点工作。四项任务包括抓县域发展、抓城镇提能、抓乡村振兴和抓城乡融合。其中抓乡村振兴的具体工作要求是：牢守耕地保护红线，夯实粮食安全根基，全面推进"五个振兴"，加快推进农业农村现代化。

"百千万工程"是广东省在实施乡村振兴战略过程中的一个重大举措，是广东省着眼破解城乡二元结构问题、全面推进乡村振兴、推动城乡区域协调发展、实现农业农村现代化的重大部署，对广东在推进中国式现代化建设中走在前列具有重要意义。

二、广东乡镇现状调查

为了从更多角度了解广东省不同地区实施乡村振兴战略现状，2021年，本书编写组在珠三角、粤东、粤西、粤北地区分别选取1个典型的镇（区）进行调研，并在每个典型镇（区）选取1个示范村，对其乡村振兴战略实施的成功路径进行深入分析。2022年，本书编写组选取12个镇开展驻镇帮镇扶村工作队访谈，从更大的范围、更广的视角，更深入地调研广东省乡村振兴战略的实施现状。此外，编写组还开展了全省青年返乡就业创业的意愿调查，分析吸引人才流向乡村的突破口，并基于以上工作基础，分析总结广东省实施乡村振兴战略的主要问题与区域差距。

（一）分区域现状调查

在珠三角和粤东西北地区分别选取中山市中心城区东区街道、潮州市潮安区浮洋镇、茂名市茂南区羊角镇、梅州市梅县区南口镇，主要分析镇（区）、示范村的乡村振兴措施与成效。

1. 珠三角地区——中山市中心城区东区街道

（1）区域社会经济概况

中山市中心城区东区街道是中山市的政治、经济、文化中心，是市委、市政府所在地。其背靠五桂雄峰，环境优美，区域面积71.4平方千米，京港澳高速公路贯穿其东部，距中山港仅6千米，南至澳门50千米，区内路网四通八达，交通便利。2019年，东区街道户籍人口约13.6万人，常住人口约22.8万人，有旅居50多个国家和地区的海外华侨、港澳台同胞共3万多人，是中山侨乡之一。2019年，东区街道实现生产总值283.26亿元，较上一年增长了5.1%，增速位居全市第二位。农民人均可支配收入36 328元，居全市第一位（表2-1）。农村集体资产达9亿元，集体经济总收入达2.21亿元，为实施乡村振兴战略打下了扎实基础。

表2-1　2019年中山市镇（街道）农业总产值与农民人均收入

序号	镇（街道）	农业总产值/万元	农民人均收入/元	序号	镇（街道）	农业总产值/万元	农民人均收入/元
1	东区街道	590	36 328	13	东升镇	101 061	28 105
2	小榄镇	17 830	33 564	14	南朗街道	46 060	28 083
3	火炬开发区	2 249	32 758	15	黄圃镇	60 226	25 799
4	石岐街道	3 381	23 963	16	沙溪镇	46 032	29 954
5	三乡镇	19 404	27 762	17	民众镇	123 733	24 018
6	南头镇	712	33 150	18	板芙镇	50 251	23 457
7	东凤镇	32 809	27 586	19	横栏镇	107 046	27 208
8	坦洲镇	117 491	27 711	20	港口镇	87 540	23 297
9	西区街道	8 650	29 325	21	大涌镇	25 290	28 627
10	三角镇	90 955	28 560	22	阜沙镇	35 649	22 711
11	古镇镇	23 153	29 675	23	五桂山街道	3 967	25 017
12	南区街道	9 825	26 414	24	神湾镇	24 135	27 530

（2）东区街道乡村振兴

东区街道下辖10个社区居委会。村庄产业多以工商业为主，村民的主要收入来源为房屋出租、股份分红等（表2-2）。东区村庄类型多样，有狭窄拥挤的城中村，也有保留着特色古建、适合发展旅游业的传统村落。近年来，中山市人民政府积极推进村庄整治规划、产业结构升级等工作，加快了东区街道乡村振兴步伐。

表2-2　2019年东区街道各社区常住人口及主要产业情况

序号	社区名称	常住人口/人	村名	主要产业情况	备注
1	花苑社区	14 324	—	—	—
2	竹苑社区	13 722	竹苑新村	房屋出租、股份分红	—
			松苑新村	房屋出租、股份分红	—
			细柏山村	房屋出租、股份分红	—

（续表）

序号	社区名称	常住人口/人	村名	主要产业情况	备注
3	桃苑社区	13 321	土瓜岭村	房屋出租、股份分红	—
4	长江三溪社区	21 995	长江村	土地出租、股份分红	—
			三溪村	土地出租、股份分红、旅游业	特色古村落
5	夏洋社区	14 956	—	—	—
6	东裕社区	35 147	库充村	旅游业	特色古村落
			亨尾村	—	—
7	起湾社区	24 524	起湾村	外出务工、房屋出租、股份分红、征地分配	—
8	桥岗社区	23 324	沙岗经联社	物业出租、商业	城中村
			槎桥村	房屋出租、商业、旅游业	特色古村落
			新安村	股份分红、工业	工业区
9	齐富湾社区	18 847	齐东村	房屋出租、土地出租、股份分红、工商业	工商业区
			老富头村	房屋出租、土地出租工商业	
			洋角口村	土地出租工商业	
			白沙湾经联社	种植业、烟草、农业、畜牧业	—
10	新鳌岭社区	5 343	新村	物业出租、股份分红	
			紫马岭村	商铺出租、股份分红、零售业	
			大鳌溪村	物业出租、工业、商业	城中村
			小鳌溪村	第三产业	以第三产业为主的新型社区

"改造+产业"推动集体经济升级。东区办事处从实际出发，结合省、市相关政策，以"改造+产业"促进集体资产改造更新为抓手，探索集体经济与民营企业合作的发展模式，推动集体经济转型升级。沙岗经联社集体物业中的一部分原为锌铁厂房和汽车教练场，年租金收入仅约30万元。沙岗经联社规划将其改造成为市场，但在筹集建设资金上存在困难。经与村企对接，沙岗经联社将该17.9亩用地出租给中山市万谷菜篮子广场投资管理有限公司，通过嫁接民营企

业，借助企业力量兴建综合市场。市场租期20年，每年租金约200万元，较之前增加超过五倍。大鳌溪村集体物业的一处连片旧厂房，改造前厂房出租租金收益小，进驻企业质量低，厂房空置率大，租用企业涉及喷漆和电镀工艺，对环境造成一定污染。为盘活村集体闲置厂房，东区办事处引导大鳌溪村通过引入社会资本对村集体连片厂房进行升级改造，引进高质量企业。2018年1月，中山匠心文化发展管理有限公司通过三资平台投得大鳌溪村集体3万平方米连片厂房15年的承租权，并投入5 000万元对其进行改造。考虑到旧厂房等工业遗产资源的可持续发展，该公司在改造过程中保留了原有的厂房结构，充分发挥工业厂房空间利用率大、造型独特等优势，运用岭南建筑设计风格，使其在外形上富有浓郁的传统文化特色。对大鳌溪村而言，连片厂房改造项目不仅改善了村容村貌，还提升了物业价值，租金由原来的每年230万元增长至每年576万元。

逐渐完善公共文化设施。2014年，中山市获批成为广东省唯一的国家基层综合性文化服务中心国家试点城市。东区以行政村、社区为重点，逐渐实施一系列重大文化民生项目，构建了以行政村（社区）综合文化服务中心为主，以数字文化场馆、流动文化阵地为辅的基层公共文化设施网络体系。

（3）三溪村乡村振兴

①村庄概况。

三溪村属于东区长江三溪社区，是东区保留较为完整的原生态传统村落，村内现存旧民居约180座，多建于晚清或民国时期，兼有岭南传统建筑风格和中西合璧风格。三溪村分为新村和旧村，旧村仍保留清代所建的石板街。

②乡村振兴实施。

积极推进"三清三拆三整治"，改善村居环境。一是采取"清旧补绿、拆旧建绿"措施，选用乡土树种，推进农户房前屋后院内、村道巷道、村边水边、空地闲地的绿化、美化；二是加大村内水体生态治理力度，保护好村域水面，促使水质达到水环境功能区划标准，实现河道清洁，水体流畅；三是开展农房、小区风貌整治，建设现代化设施，提升人居环境品质，实现村庄的绿化、净化、美化。

加强对村庄历史文化资源的保护与修缮。深入挖掘本土地域文化资源，推进有价值、有条件的古民居申报纳入历史建筑名录，与文物保护单位、不可移动文物等共同展现乡村深厚的历史文化底蕴，重点维护乡村的整体格局，加强建筑保护，并确保风貌的和谐统一。

立足本村特色，保护与活化乡村传统建筑。三溪村自2013年起被列入中山市秀美村庄建设规划名单，致力于加强对古村落和传统古民居的保护与活化。首先，对村内的部分旧民居进行连片升级改造。其次，逐步对古建筑开展活化改造，在传统建筑中融入现代元素，并引入私房菜馆、酒庄、艺术馆、设计工作室等特色业态，三溪村成为独具特色的休闲旅游区，更成为原生态村落保护与活化开发利用的成功典范。

完善村民休闲场所。结合村庄公共空间的整治与提升工程，充分利用古村原有集散空间、公共活动空间和空地等，建设曲艺广场、老年人休闲健身长廊、古树棋牌娱乐空间、青少年健身活动广场、儿童户外阅读与活动场所等。

发展文化创意产业，重塑乡村文化生态。在保护古建筑不受破坏的前提下，通过引入文化创意、休闲娱乐、餐饮等功能，加强对古民居的活化利用。实现乡村文化与城市文化的交流融合，让乡村居民享受到经济社会发展成果。

统筹村庄资源，打造村庄文化品牌。三溪村改造成功后，众多商户和游客的到来打破了昔日古村的宁静，村内街道过窄、公共设施不足等问题凸显。为了建设更多的公共设施和文化设施，村委会挨家挨户走访村民和商户，共同商议协调，最终将荒废的祠堂活化利用，打造成文化活动空间，并组织举办各种公益文化活动。三溪村围绕美丽乡村建设，擦亮了宜居、宜游的文化品牌。

2. 粤东地区——潮州市潮安区浮洋镇

（1）区域社会经济概况

潮州市潮安区位于广东省东部，地处韩江中下游汕头、潮州、揭阳三市的"金三角"地带，素有"海滨邹鲁"之称。2019年，潮安区农村人口数位居潮州市首列，农村劳动力资源占比过半，劳动力资源较为丰富。农民人均可支配收入居全市第二位，同比增长近10%，得到较大提高（表2-3）。2021年2月，潮安区入选"2021中国县域网络购买力百强榜""2021中国县域电商竞争力百强榜"榜单。

浮洋镇位于潮安区中部、潮汕平原韩江下游西岸，东临韩江，西与揭阳市接壤，南接龙湖镇、沙溪镇，北与凤塘镇为邻。浮洋镇距离厦深高铁潮汕站不到1千米，距揭阳潮汕机场约6千米，是潮州市距离高铁、空港最近的区域。浮洋镇镇域面积38.84平方千米，辖35个行政村和4个社区。镇内溪流、池塘星罗棋布，富有独特水乡特色。浮洋镇是粤东的一个古镇，名胜古迹众多，文化内涵深厚。浮洋镇的传统工艺品如方潮盛铜锣、大吴泥塑等，皆是享誉海内外的传统手工艺品。

表2-3 2019年潮州市各县（区）农村基本情况

县（区）	农村人口/人	农村劳动力资源总数/人	农村劳动力资源总数占农村人口比例/%	农民人均可支配收入/元	农民人均可支配收入同比增长率/%
湘桥区	298 352	159 690	53.5	17 934.4	9.0
饶平县	985 701	530 919	53.9	15 446.8	7.5
潮安区	1 027 631	517 613	50.4	17 852.6	9.8
合计	2 311 684	1 208 222	52.3	16 559.6	9.5

（2）浮洋镇乡村振兴

浮洋镇包含35个行政村，乡村产业以手工业及农业为主，同时将特色产品与电子商务结合，大力创新销售模式，取得了良好的效果。乡村振兴发展充分尊重自然和历史，保护乡村地区的空间肌理和景观特点，以环境整治为主，禁止填水砍树、大拆大建。浮洋镇先后获全国民主法治示范村、广东省"民主法治示范村（社区）"、广东省卫生村等荣誉（表2-4）。2020年，浮洋镇共8个村庄入选全国淘宝村名单，乡村知名度与村民经济收入大大提高，乡村振兴取得了重要进展。

表2-4 浮洋镇各村主要产业情况及特点、所获荣誉称号

序号	村名	主要产业情况及特点	荣誉称号
1	高义村	农业、工业	—
2	乌洋村	农业	2020年广东省卫生村、2020年淘宝村
3	韦骆村	农业	
4	福洞村	农业	2020年淘宝村
5	木井村	农业	2020年广东省"民主法治示范村"
6	胜联村	农业	2020年淘宝村
7	草庵村	农业	2018年广东省"民主法治示范村"
8	三胜村	农业	2020年淘宝村
9	东巷村	农业	—
10	刘厝村	农业	—
11	凤仪村	农业	—
12	下新安村	农业	2018年广东省"民主法治示范村"

（续表）

序号	村名	主要产业情况及特点	荣誉称号
13	新安村	农业	—
14	潘刘村	农业	2020年淘宝村
15	林泉村	农业	1987年汕头市人民政府授予"文明单位"称号
16	东陇村	农业	—
17	陇美村	华侨多	2020年广东省卫生村、2018年广东省"民主法治示范村"
18	徐陇村	名人故居、收购旧铜锡自清代沿袭至今	2020年淘宝村、2018年广东省"民主法治示范村"
19	洪巷村	多从事工商业	2020年淘宝村、2018年广东省"民主法治示范村"
20	东边村	状元村	—
21	庵后村	华侨多、书法家故乡	—
22	厦里美村	烈士故居	—
23	桃李陇村	农业、工业	—
24	西郊村	举人故居	2020年广东省卫生村、2020年淘宝村、2018年广东省"民主法治示范村"
25	斗文村	华侨多	—
26	新丰村	华侨多	—
27	乐桥村	—	—
28	深洋村	抓鳝捉鳖为传统副业	2018年广东省"民主法治示范村"
29	花宫村	索仔条（麻花）加工为传统手工业	—
30	潘吴村	华侨多	—
31	桥湖村	华侨多，家庭饲养业发达	2018年广东省"民主法治示范村"
32	大吴村	华侨多、手工业发达（泥塑制瓷）	第五届全国文明村镇、第五批全国民主法治示范村
33	颜厝村	泥塑为传统工艺，黄麻生产闻名全国	2018年广东省"民主法治示范村"
34	仙庭村	华侨多，抽纱、铜锣为传统工艺	2018年广东省"民主法治示范村"
35	井里村	农业为主，中医文化体验中心华侨多，水稻闻名	第四批"广东省古村落"、首批广东省"一村一品、一镇一业"专业村

①产业振兴发展策略。

促进第一产业规模化、特色化发展。促进承包权流转，积极发展家庭农场，拓展"大农户+一般农户"模式和"企业+基地+农户"模式；促进第一产业规模化、高效化、精品化发展。依托花卉种植基础，进一步发展观叶植物、盆景产业，构建花卉种植基地。依托井里村"中医药之乡"品牌效应，打造井里中草药种植基地。

扩展融资途径，提高综合服务水平。扩展融资途径，包括侨胞、乡贤捐资，成立股份公司，广集社会资金等。打造综合服务中心，提高综合服务水平，满足未来大量旅客住宿、餐饮、会议等需求。依托集体经济，建设民俗文化客栈。结合潮汕传统节庆活动、民俗风情和文化盛事等，开展旅游节庆活动。

优化提升珠绣珠品、服装、工艺陶瓷等传统特色产业。重点规范工业用地布局，严控工业门类，集约、低污染发展。把握好现有的优势产业和资源，延长产业链，把相关企业在空间上集聚起来，发挥规模经济效益，实现产业空间优化。

②建设主线：围绕三条建设主线。

优化村居环境。完善村庄基础设施与公共服务设施体系，综合整治人居环境，促进村庄可持续发展，提升村民的生活水平。

重塑村庄价值。促进优秀潮汕传统文化的保护与利用，确保村庄人文特征的延续与传承。通过保护文化载体历史遗存，进而保护村落传统文化，加强村庄精神的保护与传承。

发展农村产业。培育、壮大农村经济产业，积极寻求新型城镇化背景下的村庄经济的发展路径，以发展现代农业、乡村旅游业和地方特色产业为主要方向，培育村庄自身可持续的"造血"机制。通过产业的转型和提升，壮大集体经济组织的实力，积极扩大非农就业岗位，保障和改善社会民生，保持社会稳定。

③工作路径：实现"点线面"结合。

采取点上推进规划实施，线上联动农民主体，面上拉动项目建设，有效助推乡村振兴建设。

点上布局，推进特色名村建设。重点打造5个特色名村，带动其他自然村开展人居环境综合整治和美化、绿化、净化。

线上带动，引导农民作主。积极引导、动员农民投入村庄整治行动。

面上铺开，拉动项目建设。在乡村振兴战略实施过程中，努力提高规划的指导作用，有效防止粗放、盲目重复建设现象发生。整合多种项目，大力实施水、电、路、信息、环保、商业网点等基础设施建设，做到基建布局与新村建设匹配，转变群众生活习惯，提高农民生活质量，实现新型农村"社区化"目标。

（3）井里村乡村振兴

①村庄概况。

井里村位于潮州市潮安区浮洋镇西南部，距离浮洋镇区约3千米，距潮州市区约17千米，距揭阳潮汕国际机场约7千米，距厦深高铁潮汕站约2千米。井里村全村土地面积约74.3公顷，耕地面积约44.4公顷。井里村受明代名医柯玉井携御医宝典《万氏医贯》回乡创办医馆的影响，医风蔚然，有近百户人家从医，名医辈出，因而享有"中医药之乡"的美誉。井里村2015年入选第四批"广东省古村落"名录，村内保留了大量具有潮汕特色的民居，其中以"大夫第"为主体的八条巷是村内最古老的建筑群体，是潮汕地区极为少见的规模大且保存完好的特色古建筑群。

②乡村振兴实施。

2014年，井里村被纳入首批省级新农村示范片，是潮州市潮安区"龙洋"新农村示范片的起点村。井里村利用省财政专项资金2 002万元，实施民居外立面整治，建设公共设施和道路、排水、供水等基础设施。此外，井里村在示范片建设中依托现有的基础，大力发展特色农业，建成集种植、观赏、销售于一体的兰花产业基地；同时建设中草药种植园和中医文化馆，并在村景观节点的建设中糅合中医文化故事题材，以中医文化典故和中草药名字为村驿站、服务点和道路命名，成功打造中医文化体验中心，使中医药文化成为井里村的名片。

发展特色农业和高效农业。井里村兰花种植采用无土大棚培植，对特色农业发展具有示范带动作用。由于种植规模不大，与现代农业及精细高效农业发展目标仍有一定的距离。未来，井里村将进一步加强特色农产品生产基地建设，向集约化、精品化和产业化发展，打造区域共有农业品牌。

多渠道筹集资金建设美丽乡村。井里村深入挖掘村庄历史文化，善用乡贤捐资进行人居环境整治，打造展现本村历史文化的太安堂广场及多处乡村文化设施，建成美丽乡村，为成功引入政府财政资金奠定了基础。

挖掘本村文化，成功打造专属IP（intellectual property，即知识产权，引申为文化产品或文化形象）。井里村基层干部和太安堂进一步挖掘乡村旅游资源，将井里村的中医药文化名片推上了一个新的台阶，因此，井里村获得了"岐黄第一村"的美称。

传统文化保护和经济发展相得益彰。井里村因为对传统民居和其他潮汕传统

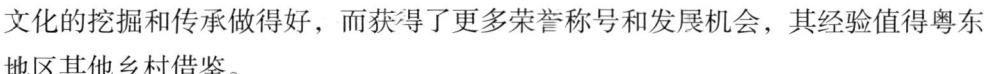

文化的挖掘和传承做得好，而获得了更多荣誉称号和发展机会，其经验值得粤东地区其他乡村借鉴。

3. 粤西地区——茂名市茂南区羊角镇

（1）区域社会经济概况

茂名市茂南区位于粤西地区，东毗电白，南邻吴川，西接化州，北连高州。茂南区是茂名市政治、经济、文化中心及茂名市党政机关所在地。2019年茂南区农民人均可支配收入居全市第一位，同比增长率居全市第二位（表2-5）。

茂南区羊角镇位于茂名市区东郊，东与电白霞洞镇、林头镇相邻，南与电白坡心镇交界，北与高州市分界镇、根子镇毗邻。羊角镇是广东省中心镇，土地总面积101.45平方千米，2019年总人口17.3万人。

表2-5　2019年茂名市各市（区）农村基本情况

市（区）	农村人口/人	农村劳动力资源总数/人	农村劳动力资源总数占农村人口比例/%	农民人均可支配收入/元	农民人均可支配收入同比增长率/%
茂南区	597 211	296 766	49.7	18 824.9	10.2
电白区	1 471 408	746 113	50.7	18 744.5	9.7
信宜市	991 563	574 015	57.9	18 384.9	10.6
高州市	1 456 629	716 262	49.2	18 423.3	8.6
化州市	1 208 131	735 546	60.9	18 598.0	9.7
合计	5 724 942	3 068 702	53.6	18 482.2	9.0

（2）羊角镇乡村振兴

羊角镇共有22个行政村及1个社区，是茂名地区"三高"农业的主要生产基地，产业结构以第一产业为主。第一产业主要包括荔枝、水稻、花生、番薯等种植，其中荔枝种植为优势特色农业；第二产业主要包括废油、爆竹、农林产品加工等；第三产业主要为依托横山灵王庙、禄段古荔贡园、姊弟庙、三桥城遗址等名胜古迹发展的旅游业。2018年有6个村庄获得广东省"民主法治示范村（社区）"荣誉称号，大同村获首批广东省"一村一品、一镇一业"专业村称号（表2-6）。

2020年以来，羊角镇力争将"智慧羊角"打造成为全市乃至全省的5G智慧乡镇标杆典范，以数字经济促进农业现代化、品牌化发展，推动农业转型升级。截至2021年4月，羊角镇成为全省首个5G智慧乡镇，累计开通5G基站42个，建有虚拟现实（VR）的试点展示处3个、特色农产品在线销售云店平台多个。

表2-6 羊角镇各村主要产业情况、特色及荣誉称号

序号	村名	主要产业情况	特色及荣誉称号
1	石曹村	特色农业、养殖业、畜牧业	大型的猪苗批发市场
2	新城村	农业、特色农业	—
3	山和村	特色农业、小型工业、畜牧业	每个农户都饲养母猪
4	罗浮村	特色农业	机械化种植经济作物，大规模种植马铃薯、"北运菜"
5	横岭村	特色农业、养殖业	
6	大同村	特色农业	首批广东省"一村一品、一镇一业"专业村
7	柏屋村	农业、特色农业	—
8	元田村	农业、养殖业	—
9	共同村	农业、特色农业	—
10	上庵村	特色农业	
11	杨屋村	农业、养殖业	2018年广东省"民主法治示范村"
12	禄段村	特色农业	岭南古村落
13	爱群村	农业、工商业、物流业	2018年广东省"民主法治示范村"
14	南香村	农业、养殖业	
15	潭段村	农业、养殖业	2018年广东省"民主法治示范村"
16	来龙村	农业	2018年广东省"民主法治示范村"
17	田心村	农业、养殖业	
18	坡仔村	农业、养殖业、工业	
19	青山村	农业、特色农业、养殖业	2018年广东省"民主法治示范村"
20	竹营村	农业	
21	黎明村	工商农业、养殖业	
22	潭桥村	特色农业	优质水稻，2018年广东省"民主法治示范村"

调整农业产业结构，发展订单农业。近年来，羊角镇不断调整农业产业结构，积极发展订单农业，先后建立起荔枝、花生、甜玉米、反季节龙眼、花卉种

植，以及山地养鸡等一批优质高效农业生产示范基地，依托城镇市场发展花卉种植、禽畜养殖、水产养殖等产业。

推动现代化经营，以科技兴农。以实现现代农业产业化为目标，把先进的科学技术广泛应用于农业，不断完善农业的基础科研、应用科研及推广体系。羊角镇成立了茂名荔枝高新技术与产品开发试验联盟，整合茂名荔枝国家现代农业产业园、国家农业科技园区、茂名市荔枝优势产区产业园、岭南现代农业科学与技术广东省实验室茂名分中心等平台资源，引进现代化先进设备，开展荔枝高新技术与产品开发试验及推广应用，服务荔枝产业和果农，增强国家财政资金的联农带农作用，促进荔枝三产融合发展。

利用千年贡荔农业文化遗产，塑造农业品牌，以文创助农。依托禄段贡园，联合周边区域荔枝种植者共同打造国家级荔枝农业公园，推动茂名特色荔枝产业进一步发展。以大唐古贡园为标杆，结合周边的项目和路网建设，打造以新农村建设、农业文化旅游、农产品消费为一体的现代农业旅游区，推动农村三产融合，实现乡村振兴。

开展全域土地综合整治，推动新型城镇化发展。作为国家全域土地综合整治镇级试点，整合全镇土地资源，提升城乡接合部的土地使用效率，解决新型城镇化背景下的典型城乡接合部综合问题，推动新型城镇化发展。

（3）禄段村乡村振兴

①村庄概况。

禄段村位于羊角镇中部，西临县道X982线，北临包茂高速公路连接线，距离包茂高速公路出入口约4千米。禄段村古属高凉地区，是岭南古村落。禄段村荔枝种植历史悠久，是唐朝荔枝贡品的主产地，禄段贡园是载入史册的茂名四大贡园之一。村内古荔贡园现存面积300多亩，存活百年以上的古荔枝树2 000多棵，树龄千年以上的古荔枝树363棵。

②乡村振兴实施。

推动荔枝产业的现代化和品牌化发展。联合周边荔枝生产基地，建设国家农业公园，统筹四大贡园打造"大唐荔乡"品牌；通过农业产业技术提高产品附加值，带动农村经济发展，结合生产加工、物流基地、电商平台等的建设，推动茂名荔枝产业现代化发展，提升茂名荔枝的品牌价值。

打造彰显古荔文化的特色休闲旅游目的地。充分保护古荔枝树，结合小东江一河两岸景观资源，布置古荔观赏平台等休闲旅游配套设施，打造岭南水乡特色风貌，使禄段贡园成为粤西地区集古荔枝文化体验、水乡生态休闲于一体的特色旅游目的地。逐步完善园区内基础设施、公共服务设施，打造美丽乡村，通过旅游发展带动村民经营农家乐、特色民宿，实现荔枝产业与乡村文旅融合发展，使村民增产、增收。

4．粤北地区——梅州市梅县区南口镇

（1）区域社会经济概况

梅州市梅县区位于广东省东北部，韩江上游，东邻大埔县，西接兴宁市，南连丰顺县，北接蕉岭县，辖区总面积2 483平方千米。2019年，梅县区地区生产总值203.84亿元，居全市第二位。农村居民人均可支配收入20 421.4元，同比增长率居全市第四位。农村劳动力资源占农村人口的53.1%，劳动力资源丰富（表2-7）。

梅县区南口镇位于梅县区西南部，距梅县机场约20千米，距梅州高铁站约7千米，距梅州市区中心约15千米。全镇总面积262.5平方千米，2019年人口约7.2万人，客家文化、侨乡文化丰富。镇内遍布始建于明代到民国时期的客家民居，知名华侨潘祥初、潘君勉、周瑞彬和周龙章等人都在南口镇留下了丰富的文化遗产。

表2-7 2019年梅州市各县（市、区）农村基本情况

县（市、区）	农村人口/人	农村劳动力资源总数/人	农村劳动力资源总数占农村人口比例/%	农民人均可支配收入/元	农民人均可支配收入同比增长率/%
梅江区	194 529	114 480	58.8	21 517.1	8.2
梅县区	410 396	217 938	53.1	20 421.4	9.0
蕉岭县	178 116	95 069	53.4	17 467.7	9.2
大埔县	392 567	233 199	59.4	14 883.6	8.3
丰顺县	420 610	255 746	60.8	14 536.1	9.5
五华县	692 269	579 846	83.8	13 619.2	5.4
兴宁市	751 241	465 048	61.9	18 662.4	7.0
平远县	215 493	127 376	59.1	17 986.9	9.1
合计	3 255 221	2 088 702	64.2	16 447.2	8.4

（2）南口镇乡村振兴

南口镇包含46个行政村，第一产业以种养业为主，农业龙头企业共16家，其中省级3家、市级6家、县级7家；家庭农场共14家，农业专业合作社41家；多个村已形成"一村一品"，如双桥火龙果、锦鸡砂糖橘、侨乡橘红茶、南龙阳桃、南虎佛手、车陂葡萄等。第二产业以加工业为主，规模以上工业有莲泉酒厂。第三产业包括乡村旅游业及文化创意产业，其中麓湖山文化产业园占地6000多亩，是集观光休闲度假、国际和海峡两岸客家文化交流、世界动漫展示和动画影视制作、文化商贸于一体的集群式文化产业平台。

近年来，南口镇统筹推进脱贫攻坚、乡村振兴、污染防治、产业发展、民生保障等各项工作。2018年，南口镇44个村获得广东省"民主法治示范村（社区）"称号、3个村获"第一批广东省卫生村"称号、7个村获"中国传统村落"称号、1个村获"广东省历史文化名村"称号（表2-8）。

表2-8　南口镇各村主要产业情况及所获荣誉称号

序号	村名	主要产业情况	荣誉称号
1	谢响塘村	—	
2	葵岗村	四季佳禾现代产业园（农业园区）	2018年广东省"民主法治示范村"
3	锦鸡村	旅游业（干庐）、特色农业（砂糖橘）	2018年广东省"民主法治示范村"、第五批中国传统村落
4	侨乡村	旅游业（客家古建筑）、特色农业（橘红茶）	首批广东省"一村一品、一镇一业"专业村、2018年广东省"民主法治示范村"、第四批美丽宜居村主、第二批"广东省古村落"、第一批中国传统村落、第三批广东省历史文化名村
5	竹香村	—	2018年广东省"民主法治示范村"、第五批中国传统村落
6	车陂村	特色农业（葡萄）	首批广东省"一村一品、一镇一业"专业村
7	瑶上村	—	2018年广东省"民主法治示范村"、第五批中国传统村落
8	瑶美村	—	2018年广东省"民主法治示范村"、第五批中国传统村落

（续表）

序号	村名	主要产业情况	荣誉称号
9	铅畬村	—	2018年广东省"民主法治示范村"、 第五批中国传统村落
10	蕉坑村	—	2018年广东省"民主法治示范村" 第五批中国传统村落
11	石陂村	—	2018年广东省"民主法治示范村" 第一批广东省卫生村
12	太和村	—	2018年广东省"民主法治示范村" 第一批广东省卫生村
13	荷田村	—	2018年广东省"民主法治示范村" 2020年广东省"民主法治示范村"
14	七贤村	—	2018年广东省"民主法治示范村" 第一批广东省卫生村
15～46	赤径村、长山村等32个村庄	—	2018年广东省"民主法治示范村"

（3）侨乡村乡村振兴

①村庄概况。

侨乡村位于南口镇中心，紧邻镇政府，距县城12千米。全村总面积为1.5平方千米，有28个村民小组。侨乡村有500多年的建村史，整个村庄依麓湖山脚逶迤而建，风景秀丽，人才辈出，海外华侨有4 000多人。侨乡村集自然田园风光、客家古建筑等旅游资源于一体，村内保存了108座清末兴建的客家古民居，其中围龙屋多达38座，建筑风格多样，是客家古民居建筑的天然博物馆，被旅游专家誉为目前在我国客家地区保存最完美、最密集的"中国最典型的客家围屋古村落"。2009年和2012年先后被评为第二批"广东省古村落"和第三批"广东省历史文化名村"，并入选"中国古村落"名录。

②乡村振兴实施。

深耕特色农业发展。发动村民以户为单位入股合作社，通过充足的土地资源和丰富的农业资源，引进农业公司到侨乡村发展培育火龙果、阳桃、水果玉米、精品水稻种植等特色农业，以资源变资产、资金变股金、农民变股东的"三变+特色农业"模式发展农业。

人居环境整治。2017年以来，侨乡村着重于完善基础设施建设、古民居修缮和卫生环境整治等工作。2018年初，梅县区委、区政府联合中国南方电网有限责任公司、中国电信集团有限公司、中国移动通信集团有限公司、中国联通网络通信集团有限公司等企业对侨乡村内的线路进行统一规整布局，对随意搭建在农田里的铁皮屋等进行拆除清理；按照修旧如旧的原则，对沿街店铺的招牌进行升级改造，修补沿街铺设的石砖，并融入客家元素，美化村容村貌。同时，侨乡村围绕三星河两岸开展整治，建设亲水平台、自行车道，形成连贯的滨河景观带和慢行系统。此外，侨乡村还扩建停车场、修建公厕、建设游客服务中心等设施。

文化旅游产业发展。2018年初，侨乡村依托丰富的客侨资源、农业资源，以"中国乡村复兴论坛·梅县峰会"的举办为契机，引进高端民宿品牌，联合丁丁旅游网，建设研学基地、民宿、美食街、亲子农场等项目，完善了旅游配套设施，丰富了侨乡村业态，打响了"自在侨乡"旅游品牌，持续探索出农旅结合的特色发展之路。

（二）帮镇扶村工作队访谈

2021年6月24日，广东召开全省乡村振兴驻镇帮镇扶村工作动员部署电视电话会议，会议全面动员部署开展乡村振兴驻镇帮镇扶村工作并发布《广东省乡村振兴驻镇帮镇扶村工作方案》（下称《方案》）。《方案》提出，广东省将对全省1 127个乡镇实施"组团结对"帮扶，即采取"党政机关+企事业单位+农村科技特派员、'三支一扶'人员、志愿者、金融助理"模式结对帮扶，组团工作队成员不少于5人，每3年轮换1次。该帮扶工作机制是广东省巩固拓展脱贫攻坚成果、全面推进乡村振兴的一大创新举措。

本书编写组在2022年1—3月对省内12个帮镇扶村工作队开展访谈（表2-9），访谈内容主要包括该镇在实施乡村振兴战略过程中面临的突出问题和帮镇扶村工作队的帮扶策略，以期深入了解不同地区、不同类型的乡镇实施乡村振兴战略的基本情况，总结值得推广的方法路径。

表2-9　帮镇扶村工作队访谈情况

序号	区域	城市	所属县（市、区）	镇	驻镇队长	走访日期
1	珠三角	肇庆市	高要区	莲塘镇	朱晓锋	2022年1月21日
2		肇庆市	高要区	金利镇	刘嘉城	2022年1月21日
3		肇庆市	高要区	蛟塘镇	凌康福	2022年2月24日
4		肇庆市	高要区	白土镇	黄慧文	2022年3月10日
5		肇庆市	高要区	金渡镇	张超	2022年3月10日
6	粤西	茂名市	高州市	镇江镇	卓康荣	2022年2月18日
7		茂名市	化州市	文楼镇	韩兆元	2022年2月19日
8	粤东	潮州市	潮安区	龙湖镇	童坚	2022年2月24日
9	粤北	清远市	阳山县	七拱镇	蒋胜良	2022年2月28日
10		清远市	阳山县	小江镇	龙明勇	2022年2月28日
11		清远市	连州市	西岸镇	何继英	2022年3月1日
12		清远市	连州市	东陂镇	曾子平	2022年3月1日

1. 肇庆市高要区莲塘镇

莲塘镇帮镇扶村工作队成员共7人，大部分来自佛山市，其中1位为共青团广东下派的乡村振兴大学生志愿者，其主要工作内容为进行乡村振兴宣传及协助完成工作队的其他工作。

（1）基本概况

莲塘镇镇域面积为125平方千米，2019年户籍人口6.6万人，常住人口2.8万人。莲塘镇以水产养殖业为农业支柱产业，拥有"罗氏沼虾""罗非鱼"两种"国字号"农产品，是高要区"罗氏沼虾""罗非鱼"的主要养殖基地，罗氏沼虾年产量约占高要区总产量的1/3。莲塘镇现有一处火龙果种植基地，占地面积约800亩，是高要区面积最大的火龙果连片种植区。镇内目前已发展形成3个由外地人承包经营的合作社，合作社每户农户管理100多亩农田。

（2）面临问题

罗氏沼虾养殖产业减产减量。2018年土规用地调整，部分莲塘镇罗氏沼虾养殖基地改为永久基本农田，从而制约了罗氏沼虾养殖产业发展；此外，工业生产规模扩大，对当地水源造成一定污染，导致罗氏沼虾养殖环境变差，产量与质量逐年下降。

农业生产受病虫害影响较大。目前莲塘镇鱼虾病害检测需去肇庆、佛山等地，一般需要经过2~3个工作日才能获取检测结果。病害未能被及时发现，导致受害面积迅速扩大，造成巨大损失。火龙果种植亦因为未能及时治理病害，导致产量降低40%左右。

村庄"空心化"导致土地利用低效。莲塘镇城乡建设用地约975公顷，人均建设用地约147平方米/人，远远超过地方标准115平方米/人。镇内各个行政村均有大量闲置老旧住宅，形成大面积空心村，其中，最小的空心村面积约1公顷，最大的空心村面积超过6公顷。

（3）帮扶策略

搭建罗氏沼虾养殖全产业链数字平台。为应对罗氏沼虾养殖产业减产、减量的问题，工作队提出，搭建罗氏沼虾养殖全产业链数字平台，全面覆盖水产养殖、加工与流通环节。通过铺设监测养殖水情、气象等的传感器，采集全产业链数据，建立线下数字示范基地；线上与电商平台、食品安全监管平台、投入品监管平台对接，实现数据互联互通、实时监测与反馈，从根源解决水产养殖存在的水质治理难、病虫害防治难、质量管控难等问题，提高水产养殖产量与质量，增强产业的核心竞争力，全面实现数字赋能产业升级与可持续发展。

建立水产养殖病害检测和防治中心及制订火龙果病虫害防治计划。工作队正在争取获得农业科技企业的支持，筹集资金100万元，建设莲塘镇水产养殖病害检测和防治中心。该项目建成后，可将病害检测时间缩短至2~3小时，可及时发现病害问题，大大降低由病害造成的影响。此外，工作队联系广东省农业科学院技术人员驻镇帮扶，选定试验田进行火龙果病害实验研究。采用精准的系统用药方案，以降低病害对火龙果的影响，提高产量。

推进闲置宅基地流转与利用。根据《广东省人民政府关于全面推进农房管控和乡村风貌提升的指导意见》与《肇庆市高要区农村宅基地审批管理实施意见》，针对宅基地闲置情况，建立健全宅基地分配、使用、流转管理制度与宅基地违法用地查处工作制度，完善宅基地用地标准，推进闲置宅基地及农房利用。

打造现代田园综合体项目。为了创建莲塘特色农业品牌，辐射带动全镇农业多元化发展，工作队提出充分挖掘农业景观资源、自然山体及水体特色，依托万亩连片虾塘、神符山、古村落等打造国家级田园综合体项目。该项目是集水产养殖、农业种植、休闲观光、农耕文化体验于一体的农旅综合开发项目，目前已成为高要区重点打造项目。

（4）乡村振兴小结

对于农业产业基础较好的莲塘镇，如何保持现有的产业优势，推动产业转型升级，实现产业振兴，是工作队驻镇帮扶工作的重中之重。经过将近一年的深入基层、布局谋划，工作队探索出初具成效的工作路径：一是积极筹建水产养殖全产业链数字平台和病害检测和防治中心，推动水产养殖支柱产业做强做大；二是推进闲置宅基地流转与利用，活化闲置资源；三是策划集水产养殖、农业种植、休闲观光、农耕文化体验于一体的生态休闲农业项目，推动农村多产业融合发展。

2. 肇庆市高要区金利镇

金利镇帮镇扶村工作队成员5人，工作队队长来自肇庆市商务局，其他成员分别来自肇庆市发展和改革局、中国农业银行、肇庆市高要区金利爱心慈善协会等。

（1）基本概况

金利镇位于肇庆市高要区东部，距广昆高速出入口仅2千米，距肇庆市中心40千米，距广州市中心约60千米，是肇庆市与珠三角核心区联系的门户。金利镇总用地面积162.2平方千米，下辖13个社区和19个行政村，2019年常住人口约10.8万人。金利镇是全国重点镇、中国建筑五金精品生产（采购）名镇、广东省五金产业集群升级示范区、广东省深化和扩大经济发达镇行政体制管理改革试点镇、广东省级城乡融合发展省级中心镇试点。2020年地区生产总值达311亿元，综合实力在肇庆市众多乡镇中排名第一。作为工业强镇，金利镇拥有企业3 500多家，其中规模以上工业企业86家，已初步形成汽配、五金、化工和新型建材四大产业平台。五金产业是金利镇享誉国内外的"金字招牌"，拥有完整的五金产业链条，有五金企业3 000多家、产品2 000多种、从业人员8万多人。

金利镇拥有丰富的历史文化资源，包括省级和市级文物保护单位各1处、不可移动文物21处及省级非物质文化遗产1项。省级非物质文化遗产——金利赛龙舟有200多年的历史，是金利镇的传统体育活动。2015年金利镇被评为广东省传统龙舟特色镇，2018年金利赛龙舟更被评为省级非物质文化遗产。

（2）面临问题

农业产业发展逐渐萎缩。金利镇农业产业基础薄弱，农业生产组织化程度不高，农业产业链过短。造成以上情况的原因有3个：一是早期工业粗放式发展，工业园区扩张不可避免地侵占了大量农用地，导致农用地呈现破碎、分散的状态，耕地质量不断下降。二是由于务工比务农的收入更高，镇内村民大多数选择去工厂务工，造成大面积耕地撂荒弃耕。三是金利镇的韭菜、霸王花、四大家鱼、罗氏沼虾等农产品虽畅销，但产业规模小、布局分散，多以农户自产自销为主，产业链较短。

工业产业转型升级压力大。目前金利镇的工业企业大多数为传统五金制造业企业，高新技术企业较少，要保持金利镇工业高质量可持续发展，需要加快产业转型升级，但目前产业转型升级压力较大，主要原因如下：一是小型企业、家庭作坊多，这些劳动密集型、低端制造业企业规模小、分布广，整合成本高、难度大。二是地方品牌少，虽然金利镇有大量五金企业，但规模以上企业较少，难以形成品牌效应。三是专业人才短缺，五金产业工人生产技术大部分依靠传统的"大工教小工"方式传授，导致了现有的工人技术水平参差不齐。五金企业转型升级后，规模化、标准化的现代生产模式对人才的专业技能水平要求较高，工人须持证上岗，同时对设计、经营、管理、研发等人才需求量也较大。

服务业发展滞后。金利镇服务业发展相对滞后，商业设施、休闲服务等难以满足务工群体和农村居民对美好生活的追求。此外，金利赛龙舟作为优质文化资源，尚未得到充分利用。

综上，尽管金利镇工业基础扎实，但农业和服务业发展滞后，三产融合程度低。

（3）帮扶策略

延伸农业产业链，壮大农业产业。为改善金利镇农业基础薄弱的情况，工作队计划联合镇党委和镇政府整合金利镇分散的农业生产资源，实现韭菜、霸王花、四大家鱼、罗氏沼虾等优势农业规模化生产，打造"一村一品""一村多品"。同时横向拓宽农产品销售渠道，打造农业展销平台、上架电商销售平台，发展乡村电子商务；纵向延伸农业产业链，使农业生产资料供应—农业生产—农产品加工、储藏、运输、销售连成一体，提高农产品附加值。同时，将农业生产转变为生产性景观，促进农村生活、农业生产、农村景观和传统农业文化相结合，发展"农业+旅游"产业。镇党委和镇政府计划以投入少、见效快的生态休闲农业项目作为首批试点项目，如果蔬采摘园、休闲农庄等，既可种植经济作物，又可作为网红打卡点，多元增加农民收入。

工业产业转型升级。首先，优化工业产业结构，逐步淘汰高污染、低产能的小企业、小作坊，将其整合并入镇区工业园，促进五金产业集聚升级；其次，引进高新技术企业，推动五金产业数字化改造、智能化提升，实现从五金制造到五金"智造"；最后，培育壮大新兴产业，打造地方品牌，提高产业附加值，形成品牌效应。

多措并举吸引和培育新型人才。农业产业方面，根据金利镇农业产业发展需求精准引才，如特色文化人才、产业管理型人才、电子商务人才等；制定奖励措施激励农民向新型职业农民转型，挖掘具有长远眼光和能力的乡村"领头羊"，发挥带头作用。工业产业方面，计划在金利镇开办职业技术学校，为技术工人提供系统培训，将本地大量的无证技术工人培训成为持证的专业技术人才；并根据企业发展和金利镇发展需求，引进高技能人才和管理型人才。

挖掘龙舟文化，发展特色文化产业。工作队联合镇党委和镇政府计划深挖龙舟精神，发展以"金利龙舟"为主题的金利特色文化产业，以文化产业赋能金利镇乡村经济社会发展。一是结合当地水乡风貌，打造龙舟文化活动基地，如龙舟训练基地、龙舟体验馆、龙舟文化馆等；二是结合金利镇的加工制造业，融合二三产业，打造有当地特色的龙舟景观，设计生产小龙舟、龙舟鼓等纪念品，提升文化产业附加值，打造金利特色文化产业；三是通过"金利龙舟"这一品牌，包装金利镇农产品、提升农产品价值，实现"农业+文化"产业融合，以文化振兴激发乡村发展活力。

（4）乡村振兴小结

金利镇工业产业基础较好，但农业和现代服务业基础较为薄弱，为实现全面乡村振兴，应在保持自身发展优势的同时，充分利用现有资源补足短板。在农业方面，整合农业资源，打造农业品牌、拓宽销售渠道、以"农业+旅游"打造生产性景观，促进一三产业融合发展。同时，优化金利镇工业产业结构、推动产业转型升级，以产业兴旺带动实现乡村振兴。在人才方面，创办职业技术学校，充分利用当地人才资源、推动本土人才培养、提升本土人才技术水平，同时注重高级人才引进，以人才推动发展，实现人才振兴。在文化方面，完善公共文化设施建设、充分挖掘当地龙舟文化，打造以"金利龙舟"为主题的文化产业，实现文化振兴。

3. 肇庆市高要区白土镇

白土镇帮镇扶村工作队成员5人，队长来自共青团佛山市高明区委员会。此外，还有农村科技特派员、金融助理和大学生志愿者各1名。

（1）基本概况

白土镇位于肇庆市高要区东南部，全镇面积108.4平方千米，下辖7个社区，

23个行政村。2019年末户籍总人口8.5万人，常住人口约6万人。白土镇因地藏大量白色铝矾土矿产资源而得名，2019年入选全国综合实力千强镇。白土镇2020年完成规模以上工业总产值115.8亿元，完成全社会固定资产投资总额17.08亿元。

白土镇是"罗非鱼养殖之乡""罗氏沼虾养殖之乡"，荣获广东省"一村一品、一镇一业"罗氏沼虾专业镇称号。全镇罗氏沼虾养殖面积高峰时达到2.5万亩，越冬棚面积1.8万亩，年产值超4.6亿元，实现人均产值20万元。

白土镇以工业为主导产业，有工业企业200家，规模以上企业24家，以新型建材、五金铸造、陶瓷为支柱产业，主要分布在宋隆、南马两大工业集聚地，总占地面积253.33公顷，现有较具规模的陶瓷交易市场和二手机械交易市场。白土镇铸造产业具有数十年发展历史，拥有铸造企业60多家，每家企业均拥有生产研发、原材料配备、模具制造等多种专业人才，储备了一批铸造行业的专业人才队伍。

（2）面临问题

以小农经济为主，特色农业大量减产。白土镇缺少规模化、标准化的种植业，缺少农业龙头企业。白二镇罗氏沼虾荣获广东省"一村一品、一镇一业"称号，但罗氏沼虾养殖规模逐年减小，主要原因是白土镇城镇化发展和工业用地的增加，导致水塘面积减少、水质变差。随着水产养殖业的萎缩，很多村民都外出务工，村子逐渐成了空心村。集体经济收入较低，年收入超过10万的村集体仅有5个。

旅游资源分散，缺乏统筹规划。目前，白土镇已建成黄花风铃生态园，同时结合坑尾村黎雄才故居，开发了草莓采摘、圣女果采摘等农旅项目。由于旅游资源较分散，并缺乏整体规划和统筹发展，导致项目吸引力不足，游客数量较少，且大部分来自肇庆市区。

（3）帮扶策略

充分发挥农业优势，打造农业品牌。首先，开展撂荒土地整治。一方面鼓励村集体重新进行耕作，另一方面整合耕地资源，通过合作社将耕地出租给第三方。其次，帮镇扶村工作队带动镇内养殖户学习梅州市五华县"稻虾共作"模式，结合撂荒地整治，发展罗氏沼虾与水稻混合种养的"稻虾共作"特色产业，实现"一地两用、一水两收"，保障了粮食种植，同时破解了罗氏沼虾养殖面积瓶颈，形成了可复制、可持续的撂荒土地整治模式。此外，帮镇扶村工作队注册了"罗氏一号""白土虾稻"两个商标，并与肇庆市粤色农业发展有限公司达成合作，加快打通农产品走向市场的"最后一公里"，大幅提升了稻虾、稻虾米的

品质和市场认可度。

策划旅游线路，助推乡村旅游业发展。帮镇扶村工作队拟打造一条旅游线路，串联黎雄才故居、黄花风铃生态园、草莓采摘园、蓝莓采摘园、"稻虾共作"生态农业示范基地等项目，建设集旅游参观、花卉观赏、农家乐、瓜果采摘、农业科普、民宿等于一体的精品旅游项目，推动白土镇旅游业发展。

发挥人才驿站作用，助推人才振兴。依托白土镇人才驿站，定期在人才驿站开展活动，邀请专家学者和社会行业精英前来授课，为返乡人才提供就业创业的建议和渠道。同时，工作队和镇政府利用高要区鼓励返乡青年和社会参与乡村振兴的政策，谋划设立寒、暑假实习岗位，吸引大学生返乡参与乡村振兴工作。

组建党群志愿服务队，加强乡风文明建设。工作队设置了微心愿服务箱，用来收集村民的小心愿，并定期通过抽签的方式帮助村民实现愿望。同时，工作队通过挖掘有志青年，成功组建了一支由50多位热心青年组成的党群志愿服务队，通过开展四点半课堂、榕树下课堂和榕树下党课等活动，助力公益宣讲、基层治理、乡风文明建设等工作。

（4）乡村振兴小结

白土镇多措并举，促进乡村振兴战略实施。在产业振兴方面，白土镇充分发挥农业优势，发展"稻虾共作"的复合种养模式，既提高了稻田单位面积的经济效益，又提高了罗氏沼虾的产量。高要区委、区政府高度认可白土镇"稻虾共作"的模式，出台奖补方案，鼓励全区发展万亩"稻虾、稻鱼共作"综合种养田块。同时，通过整体谋划，串联多个旅游景点，形成精品旅游线路，促进农文旅融合发展。在人才振兴方面，工作队充分利用上级政策，发挥人才驿站的作用，提高乡村振兴的社会参与度。在乡风文明方面，工作队设立微心愿服务箱，开展"微调研"，持续推动"我为群众办实事"实践活动，以实际行动点亮"微心愿"，不断提升村民幸福感。

4. 肇庆市高要区金渡镇

金渡镇帮镇扶村工作队秉持"工作实、行动快、力量合"的九字方针，全面走访全镇农村地区，明确金渡镇的乡村振兴规划，并对项目进行了合理铺排。

（1）基本概况

金渡镇位于肇庆市高要区中部，与端州区隔江相望。镇政府距高要区城区5千米，距南广高铁肇庆东站23千米，距广州75千米。金渡镇行政区域面积131.32平方千米，下辖16个社区、33个自然村，2019年户籍人口约5万人，外来人口约3万人。

金渡镇拥有"白金龙"水产养殖区，农业产业以水产养殖为主，主要养殖罗氏沼虾、螺蛳和罗非鱼，养殖基地面积达到10 000亩。金渡镇是中国压铸产业集群示范基地，全镇现有300多家企业，其中规模以上企业60多家，包括4家上市公司。工业企业主要分布在金渡工业集聚基地、平布工业园和金渡外资工业区，形成"两园一区"的布局。金渡镇拥有丰富的旅游资源，是端砚传统工艺品的原材料产地及主要生产地。

（2）面临问题

金渡镇拥有较好的工业基础，但是在产业体量上、规模上、质量上距离先进镇还有一定的差距，尽管金渡镇的压铸产业产值较高，但由于属于市属工业园，其工业税收全部缴纳到高要区和肇庆市。与此同时，金渡镇多个村庄基础设施欠完善且发展动力不足，资源潜力未充分发掘。因此，金渡镇急需实施工业反哺农业的策略来促进乡村振兴战略实施。

（3）帮扶策略

发展特色农业，畅通产品销售渠道。保障葱类等蔬菜的产量及质量，组织直供端州城区甚至粤港澳大湾区，争取将自身打造成为粤港澳大湾区的"菜篮子"。依托现有的桃花种植基地，扩大桃花种植基地规模。通过抖音等新媒体宣传售卖桃花，拓宽农产品销售渠道。

打造水产交易中心与预制菜产业园，增强经济新活力。规划建设粤港澳水产交易中心，打造"白金龙"片区水产集中交易基地，制定水产相应产品价格标准，以保障市场的平衡与稳定。规划建设7 000亩预制菜产业园，规划酸菜鱼等预制菜、蔬果及南药的生产销售，并提供饮食娱乐设施，打造集生产、销售、饮食娱乐于一体的综合性产业基地，助力经济发展。

通过自然资源与端砚文化资源结合，助推旅游业发展。金渡镇的主要旅游资源集中，且拥有一批包括国家级砚石大师的手工雕刻工匠。目前端砚产业已初步形成生产及销售结合的产业融合态势。规划加强弘扬端砚特色文化，重点打造宋隆河、烂柯山、文殊村及砚坑社区等多个旅游景点，助推金渡镇工业旅游、乡村旅游发展。

（4）乡村振兴小结

金渡镇在肇庆市扮演着重要的工业强镇角色，特别是压铸产业在其工业经济中占据着关键地位。近年来，新能源汽车压铸产业的集群进一步彰显了金渡镇在工业领域的优势，需要增强现有的工业实力。同时，在特色农业的基础上，打造农业特色品牌，开拓产品销售渠道，并向二三产业延伸，建设预制菜产业园、水产交易中心、端砚文化和生态旅游项目，实现一二三产业的融合发展。

5. 肇庆市高要区蛟塘镇

蛟塘镇帮镇扶村工作队成员有7人，工作队队长来自佛山市发展和改革局，企岭村驻村书记来自佛山市粮食集团有限公司南海储备分公司，其余队员分别来自佛山市教育局、佛山市工商联和中国电信佛山分公司。本次访谈对象还包括三位农村科技特派员。

（1）基本概况

因蛟溪横贯镇境内，村落周围鱼塘环绕，寓意"藏蛟龙之地"，故名蛟塘镇。蛟塘镇地处高要区南部，东连回龙镇，南邻佛山市高明区，西与莲塘镇、活道镇相邻，北与白土镇毗邻，距肇庆市区约28千米。全镇总面积130多平方千米，下辖1个社区和20个行政村，共66个自然村。

（2）面临问题

耕地分散不连片，土地流转率较低。镇内耕地面积27 000多亩，但因丘陵地较多，耕地破碎不连片，不利于流转后开展大规模的机械化种植，因此耕地流转面积较小，撂荒面积较大。此外，镇辖区共有山地面积12万亩，大部分种植桉树，需要退桉还林，但目前因租约还没到期无法执行。

产业发展薄弱，缺乏龙头企业引领。在农业产业发展方面，镇内只有传统的花生、水稻等种植，缺乏特色农业。三黄鸡养殖较出名，但未形成规模养殖，主要以散养为主，每天只有约2 000只的产量。计划扩大生产规模，但有300万元的资金缺口，而且，养殖产品的物流配送问题有待解决。在工业产业方面，镇上有60多家大中小企业，大多为家庭作坊。其中，西江酒厂和摩托配件厂规模相对较大，陈村食品有限公司主要做陈村粉、薯粉等速食食品，在疫情防控、期间经营情况较好。

（3）帮扶策略

促进耕地土地流转，建设农业种植基地。由村委组织撂荒耕地流转，引入农业企业进行规模化经营。以"党建+科技+乡村振兴"为引领，贯彻落实"一支部一责任田一品牌"帮扶工作任务，投入12万元帮扶资金，分别在赤坳村300亩撂荒农地和大坉村100亩退桉山林开展土地整治，并引进了农业公司在赤坳村投入1 500万元打造蔬菜种植基地，在大坉村投入50万元打造"南药吴茱萸种植基地"。在养殖业方面，充分利用金融帮扶政策，加大项目融资力度，落实高密度养殖项目，完善养殖业相关基础设施，推动三黄鸡特色养殖业的规模化、标准化生产。金渡镇通过改善和优化农业投资环境，吸引社会资本投入发展现代农业。带动本地就业和农民增收致富，实现经济效益、社会效益和生态效益多赢。

建设消费帮扶农产品种植基地，助力农产品消费帮扶。结合蛟塘镇土地分布零散情况，在洞口村建立100余亩消费帮扶农产品种植基地，主要种植"一点红"番薯、红皮花生、粉葛、生姜等农产品。以订单农业、定点采购的方式，解决销售难题。同时，动态掌握市场信息，引导农作物种植向适宜性和特色化方向发展。

以基层党建为引领加强基础设施建设。在加强基层党建、完善基础设施等方面继续发力，巩固乡村振兴成果，包括计划加强三个农村党群服务中心建设，强化基层党员教育、村民议事决策和政策宣传宣讲等功能。开展乡村振兴"光亮蛟塘"项目，在全镇尚未完成路灯照明的路段范围内安装路灯，致力于改善乡村人居环境，方便广大群众出行。

（4）乡村振兴小结

帮镇扶村工作队坚持立足产业建设，通过集约村民零散土地，引进农业企业投资、撬动社会资金投入，在解决耕地撂荒问题的同时，为村民增加就近就业的机会。通过动态跟踪，及时掌握佛山等地农贸市场需求，帮镇扶村工作队引导蛟塘镇农作物种植向适宜性和特色化方向发展，协助拓宽农产品销售渠道，提高农民种植积极性和经济收入，促进村集体和群众收入明显增加，营造浓厚的产业发展氛围，为实现乡村全面振兴提供了有力支撑。同时，争取有利政策，充分发挥地理优势，引入超市、农贸市场、物流等上下游产业，吸引更多资源聚集，进一步推动农业产业化发展。

6. 茂名市高州市镇江镇

镇江镇帮镇扶村工作队成员共5人，分别来自生态环境部华南督察局和广州生态工程职业学院，工作队还有1名大学生志愿者及1名金融助理。访谈对象包括广东省农业科学院水稻研究所的3名农村科技特派员。驻镇以来，工作队认真落实省委、省政府相关决策部署，积极开展走访调研，了解镇情村情，为乡村振兴起好步、开好局。

（1）基本概况

镇江镇位于广东省茂名市高州市西南部，东邻石鼓镇，南连化州市丽岗镇，西接化州市的江湖镇、林尘镇，北与沙田镇相邻。镇江镇镇域面积约101.81平方千米，2019年户籍人口约5.9万人。镇江镇是传统的农业大镇，有"野生稻之乡"的美誉，主导产业为丝苗米、龙眼种植。1997年，中国科学院的博士团队在镇江镇发现了4片野生稻分布点，含有栽培稻种的许多优异基因。2020年，袁隆平院士给高州野生稻题字"加强保护高州野生稻，为选育水稻新品种作贡献"。镇内已建设了大岭野生稻原位保护区（58亩）、朋山野生稻原位保护区（103亩）和谭碌野生稻原位保护区（78亩）3个保护区。为提高稻米的质量和产量，培育适合镇江的丝苗米品种，镇江镇邀请广东省农业科学院专家选取了十几个品种的常规稻和优质稻，在镇内示范区进行试种。镇内已建成超1 000亩现代农业基地5个，100亩以上种养基地50个，其中包括高州市省级龙眼现代农业产业园（镇江园）。全镇龙眼种植面积1.3万多亩，年均产量达1.9万多吨，2022年全镇龙眼总产值达3.9亿元。

（2）面临问题

交通不便，基础设施有待完善。镇江镇镇域范围内尚无高速公路出入口，到达最近的汕湛高速石鼓出入口需要约40分钟车程，交通不便利，在一定程度上制约了经济发展。镇内供水设施欠完善，且缺乏污水处理设施。

水果品质一般，种植规模不大。除了丝苗米和龙眼两个主导产业外，镇江镇的火龙果、阳光玫瑰葡萄、无核沃柑、圣女果、莲雾等水果都具有一定的种植基础，拥有数个水果种植基地，但存在种植规模不大、水果品质一般等问题。

（3）帮扶策略

加大基础设施建设投入力度。开展道路的规划升级，加快推进大王湾大桥建设项目，打通镇江镇与石鼓镇高速出口的快速连接通道，提升镇域交通便利性。利用帮扶资金建设污水处理设施、完善村内集中供水设施、开展圩镇老旧小区升级改造，改善镇村人居环境。

构建"一镇一业、一村一品"现代农业产业体系。做大做强丝苗米和龙眼两大产业。通过引进水稻新品种，引进龙头企业，建成水稻种植基地，采用"龙头企业+农户""龙头企业+合作社+农户"等模式实现联农带农，使农民增收。打造龙眼特色品牌，发展农产品加工业，延长农业产业链，带领农民增收致富。继续发展壮大阳光玫瑰葡萄、火龙果、红心蜜柚等特色产业，促进一二产业融合发展，进一步加快农业产业强镇建设。

推动土地流转，实现规模化、机械化生产。联合高州市宝光街道、沙田镇、石鼓镇，共同创建5 000亩的省级现代水稻产业园，建设集种植、加工、科研、旅游于一体的水稻全机械化生产示范试验基地，进一步实现农业规模化、机械化生产。

（4）乡村振兴小结

镇江镇主导产业为水稻、龙眼种植，有"野生稻之乡"的美誉，虽然龙眼等农作物产量较高，但由于交通不便，农业现代化、规模化水平不高，产业发展受限。为了解决以上问题，工作队加强交通基础设施建设，联合周边地区共建农业产业园，推进农业现代化、规模化发展，构建完善的现代农业产业发展体系。此外，补齐基础设施短板，重点完善污水、供水配套设施，提升镇村人居环境品质。

7. 茂名市化州市文楼镇

文楼镇帮镇扶村工作队共有8名成员，主要包括来自广州的队员5名，以及当地扶贫助力工作者、中国农业银行金融助理和大学生志愿者各1名。

（1）基本概况

文楼镇位于茂名化州市西北部，是粤桂两省三市交会处，是化州市面向广西的门户。文楼镇地处偏远山区，交通基础设施薄弱。镇内最高等级的道路为乡道，距离最近的高速公路出入口约1.5小时车程。文楼镇下辖1个居委会和16个村委会，2019年总人口约8.3万人。全镇总用地面积159平方千米，其中耕地面积15.3平方千米，林木种植面积达80平方千米，森林覆盖率达到75%。文楼镇2019年被评为广东省生态宜居型"森林小镇"。文楼镇旅游资源丰富，镇内有飞鹅岭自然保护区、那播下水马吊须瀑布、那训三咏鱼钩嘴瀑布等自然风光，以及那训村鬼儿堂岭新石器时代遗址、曰梅书院、书旁咀村传统村落文化楼、新德驷马大屋、甲隆李村革命历史纪念馆、甲隆那浪古城、新村榄塘古城、文楼镶耳屋、宁家大院等历史人文景观。

（2）面临问题

产业基础较差，产业发展乏力。文楼镇传统农作物主要有水稻、花生、玉米、砂糖橘、化橘红、荔枝、龙眼等，但种植规模普遍较小且分散。镇里目前有金苞树菠萝基地、辣椒基地和三红蜜柚基地3个规模较大的农业种植基地，但这3个基地均未产生较大的经济效益，尤其是三红蜜柚基地，由于气候和水土条件不适宜蜜柚种植，加上经营主体管理经验不足，三红蜜柚经济效益较低。文楼镇内拥有优质白石（碳酸钙）、高岭土等多种矿产资源，其中白石资源总储量达50亿吨，品位居全国之首，有"白石之镇"的誉称。但是，下游产品附加值低，腻子灰、双飞粉等每吨利润仅30~50元。此外，由于大部分白石矿产与永久基本农田和村庄空间重叠，获得新设产业权难度较大，再加上建设用地指标紧缺，限制了白石矿产开采规模。

人居环境整治资金投入不足，村民生活环境较差。文楼镇整体人居环境较差，部分村庄道路硬底化程度低，屋前屋后杂物乱堆乱放，生活污水横流；家禽放养、散养等现象普遍。造成以上情况的原因有两个：一是没有足够的资金投入人居环境整治工作及进行后期维护，难以体现整治成效。二是受传统生活习惯影响，村民改善生活环境的意识薄弱。

（3）帮扶策略

制定"一二三四五"帮扶计划。在摸清家底的情况下，工作队与镇党委和镇政府，制定了2022年"一二三四五"帮扶计划。一个目标：镇村同建同治同美取得显著成效，实现共同富裕。二个主体：文楼圩和甲隆圩。三个抓手：整治人居环境、创建省卫生镇、壮大村集体经济。四个渠道：地方专项债券、市局级金融资金、驻镇帮镇扶村资金、帮扶的资金。五个重点：文楼圩老旧小区改造、甲隆圩老旧小区改造、中小河流治理与农田灌区建设、白梅片区人居环境整治与亮化提升、文楼片区人居环境整治与亮化提升。

引入科研技术力量，助推产业发展。工作队利用科研单位的优势，加强与广东省农业科学院、广东省科学院南繁种业研究所、广州中医药大学等单位联系，邀请多个科研团队到文楼镇调研考察，为文楼镇农业产业发展出谋划策。其中，南繁种业研究所利用湛江种业科研基地计划帮助文楼镇选址建设鸡血藤种植基地，将南药种植培育成为文楼镇农业主导产业。了解到文楼镇有种植指天椒的历史和国内市场对其的需求后，工作队与镇党委书记一同到广东省科学院湛江研究院和河龙村就指天椒种植进行学习、交流，计划在文楼镇推广反季节指天椒种植。对于白石矿开采难和产品附加值低的问题，工作队联合广东省科学院资源利用与稀土开发研究所的科研人员，指导企业优化白石主打产品腻子粉的生产流程，采用"碎前分级+光电抛废"技术提高腻子粉的成品质量，进而提高白石产业经济效益。此外，为壮大村集体经济，工作队努力打通当地农产品与粤港澳大湾区大型商超、电商平台、企事业单位和农产品交易中心的销售渠道，助推农产品销售。

加大人居环境整治资金投入力度，促进乡风文明建设。为了进一步推进文楼镇人居环境整治工作，工作队进行多方协调，与政府相关部门沟通，多渠道申请整治资金。其中，利用地方专项债券1.7亿元进行文楼圩老旧小区改造、甲隆圩老旧小区改造和河流治理与农田灌区建设；利用帮扶资金800万元解决集中供水工程建设、那训村委道路硬化及雨污分离、污水处理和双坡村委护栏等基础设施建设。同时，工作队还担任宣传员，协同各村村委会、村小组，通过墙体标语展板、村组微信群、村广播、入户动员等多种方式，加大人居环境整治宣传的力度。在此基础上，工作队联合村委会制定村规民约、设立奖惩制度，鼓励村民争当环境整治的监督者，强化村民在农村人居环境整治中的主人翁意识，促进乡风文明建设。

（4）乡村振兴小结

文楼镇是交通不便、社会经济发展乏力的典型山区镇。帮镇扶村工作队现阶段的工作重点包括：制定总体目标、探索产业发展路径、整治人居环境、促进乡风文明建设。在探索产业发展方面，工作队通过借助科研技术的力量，因地制宜、精准施策，为文楼镇农业产业发展和矿产资源开发出谋划策，制定针对性的产业发展方案并指导实施，促进文楼镇产业振兴。在整治人居环境和促进乡风文明建设方面，工作队积极与政府相关部门沟通，为文楼镇人居环境整治争取各渠道资金；同时，工作队加强宣传教育，发挥模范带头作用，鼓励村民积极参与和监督人居环境整治，助推乡风文明建设。

8. 潮州市潮安区龙湖镇

龙湖镇帮镇扶村工作队成员6人，主要来自中山市火炬高技术产业开发区、中山市工业和信息化局、中山市民众街道、中山中汇投资集团有限公司、中国农业银行等。工作队凭借丰富的扶贫经验与实干的工作态度，已取得了一定的工作成效。

（1）基础概况

龙湖镇位于广东省第二大河韩江下游西岸，潮州市潮安区东北部。2019年全镇户籍人口6.3万人，常住人口5万人，土地总面积为2 082.07公顷。龙湖镇是潮汕历史文化荟萃的千年古镇，汇集了潮汕民居的所有样式，以及木雕、石雕、贝雕、嵌瓷、彩绘、贝灰塑等潮州民间工艺的精华。2012年，龙湖镇被列入"广东省历史文化名镇"名录；镇内的龙湖古寨被列入"中国传统村落"名录，入选"中国华侨国际文化交流基地""潮州海上丝绸之路文化地理坐标"。

龙湖镇产业以工业为主，并形成以陶瓷、服装、鞋料制品等为主的外向型经济；农业以水稻、蔬菜、番薯、花生、玉米等传统农作物种植为主；龙湖镇积极发展文化旅游业，以"龙湖古寨"及"鹳巢红色文化"为核心，不断加强对龙湖古寨、鹳巢片区的基础设施建设和文物维护、活化工作，着力打造龙湖文旅品牌。

（2）面临问题

农业基础设施有待完善。龙湖镇农业产业化进程较慢，生产基地建设滞后。受区域重大基础设施建设项目影响，龙湖镇排灌系统受到破坏，一定程度上阻碍了农业发展。

产业结构升级缓慢。龙湖镇农业和工业均为传统的发展模式，主导产业不明显，缺少规模大、效益好、牵动力强的龙头企业。产业转型升级缓慢，一二三产业融合程度较低，缺乏特色和创新产业，在潮汕区域竞争中不具备绝对优势。

（3）帮扶策略

针对龙湖镇现状发展问题，工作队依托当地丰富的文化资源，通过优化"文化、非遗、土地"三大资源，培育"文旅、工艺、农业"三大产业。

盘活弃耕土地，做强农业产业。工作队结合本地水源及土壤条件，投入帮扶资金600万元，高效推进撂荒耕地整治，盘活耕地资源，大力推进水稻、马铃薯和淮山等作物的种植。一是完善种植基地道路、水利设施，提高农业生产效率，带动农业规模化生产。二是打造"合作社+基地+农户"的发展模式，如在市尾、鹳四、东升、湖边等村引进专业种粮公司及种粮大户，实现水稻连片种植近500亩；通过流转，后郭村拥有连片集体土地120多亩，建设淮山栽培示范基地，并推广后郭淮山进入各大超市。后郭村淮山栽培示范基地成功入选2021年度省级"一村一品"项目，2022年淮山产量达15万千克，有效提高了村集体和村民的收入。工作队与农村科技特派员牵头举办玉米、花生高产栽培，病虫害防治和红火蚁的辨别方法及防治措施等培训班，镇村干部和种植户代表40余人参加了技术培训班。

传承非遗资源，振兴工艺产业。龙湖镇有非物质文化遗产项目9项，其中国家级1项，为潮州木雕。龙湖镇后郭村从事木雕工艺已有300余年，村里从事木雕工艺的作坊约有50家。工作队依托后郭木雕，积极争取中山对口帮扶的潮州指挥部支持，推动中潮双方在后郭村投入1 200余万元资金，实施打造一条产业链、提升一条风貌街、改建一座村史馆、建设一个党建广场、新建一座阳光书屋、新建一座村牌坊等"六个一"工程，为龙湖木雕产业搭建销售展示平台，使潮州木雕与乡村休闲旅游深度融合，促进木雕工艺规模化、产业化发展。

挖掘文化优势，发展文旅产业。为着力打造"千年古寨"品牌，工作队先后投入帮扶资金850万元，进行古寨沿街10处古建筑危房修缮，将废弃的粮仓建设为综合产业体验中心，打造集农产品、特色文化产品于一体的体验展示中心；同时，实施古寨周边沿街外立面提升和旧街活化改造，将5条延伸支路打造成美食街、潮式工艺品街和文旅创意街。此外，工作队统筹各级资金，将文物保护单位、红色遗址、展览馆等建筑串珠成链，打造为红色文旅线路，拓展古寨旅游链条，壮大文旅产业。

（4）乡村振兴小结

龙湖镇驻镇帮镇扶村工作队积极发挥龙湖镇历史文化优势，培育"文旅、工艺、农业"三大产业，推动产业转型升级。实施路径包括以下三条：一是盘活土地资源，打好撂荒土地复耕复种"歼灭战"，同时打造种植示范基地，提高村集体和村民的收入。二是提升乡村风貌，振兴非遗产业。通过在后郭村实施"六个一"工程，擦亮"后郭木雕"的招牌，带动木雕非遗产业发展。三是整合优化资源，壮大文旅产业。以"龙湖古寨"及"鹤巢红色文化"为核心，完善基础设施，展示文化魅力。工作队立足"文"的优势，突出'产'的特色，以文赋能，助推龙湖镇乡村振兴。

9. 清远市阳山县七拱镇

七拱镇乡村振兴工作队成员共7人，其中5名队员分别来自广州市委宣传部、广州市教育局、广州市社会主义学院、广州农商银行和广州航海学院，此外还有1名三支一扶人员和1位大学生志愿者。

（1）基本概况

七拱镇位于清远市阳山县南部，距阳山县城约25千米，距清远市区约100千米。国道G107线自北向南穿过镇区，向北通往阳山县城，向南通往石潭镇，且与许广高速出入口相邻；国道G358线自西向东穿过镇区，向东通往杜步客运站，对外交通较便利。七拱镇是国家级农业产业强镇，镇域面积为315.99平方千米，下辖17个行政村。2021年户籍人口6.9万人，常住人口3.5万人。七拱镇2021年农林牧渔业总产值11.7亿元，其中农业总产值位列全县第一；农村居民人均收入25 190元，在全县乡镇中居首位。

七拱镇以丝苗米和淮山种植为主导产业，拥有多个国家级和省级的荣誉称号，其中七拱镇（丝苗米）入选全国"一村一品"示范镇、七拱镇（淮山）入选国家地理标志产品、石角村（丝苗米）入选广东省"一村一品、一镇一业"专业村、西连村（淮山）入选广东省"一村一品"示范村和全国"一村一品"示范村。全镇种植优质水稻约5.94万亩，2021年产量达2.39万吨，目前已建成1 600亩丝苗米标准化种植示范基地。全镇淮山种植面积约8 000亩，其中1 000多亩为标准化种植示范基地。七拱镇还种有迟菜心、枸杞、砂糖橘、冰糖橘、沙田柚等农作物；养殖业主要包括猪、清远鸡、阳山鸡、山羊等，以农户小规模自养自销为主。七拱镇塘坪村内有一个县级工业园，以传统制造业为主，为镇上提供就业岗位1 000多个。镇内有2家小型大米加工厂，通过收购农户产品进行加工后以自创品牌销售。

七拱镇历史文化资源丰富，拥有不可移动文物共计22处，其中省级文物保护单位1处，县级文物保护单位5处，其他不可移动文物16处，其中学发公祠、潭村古村落、孙中山七卫士故居、莫屋古村落、三所叶氏大宗祠等建筑群都有较高的历史价值，学发公祠为"广东省华侨建筑规模之最"。

（2）面临问题

农业规模化生产受限，农产品附加值低。七拱镇农业产业基础良好，主导产业丝苗米与淮山质量高，获得多个全国"一村一品"示范村镇称号。但由于镇内山林地多，耕地少，农业规模化生产受限，农业现代化、规模化程度仍需提高。且农产品对外宣传力度不足，缺乏品牌包装，优势农产品品牌效益不高。

生态环保要求高，传统工业发展受限。阳山县为全国生态保护区，对生态要求较高，县级工业园内一处陶瓷厂基本建成，却因环保要求无法投入生产；此外，国道G107线旁两处胶花厂、三所村内一处石场厂也因生态环保问题处于停产状态。

文化资源丰富，但缺乏充分保护利用。七拱镇内有一定的文化资源，现存特色古建筑等历史文物基本处于闲置状态，未能得到充分的保护和活化利用；文化资源空间分布较为分散，资源整合力度不足；文化宣传力度不够，未能形成特色的IP。

（3）帮扶策略

实现农业现代化、规模化、特色化发展。工作队认为壮大农业主导产业是目前工作的一个重点。通过开展全域土地综合整治，积极推动土地流转，对耕地进行提质改造，解决地形不平整、土地碎片化等问题，为农机下地创造良好条件。在传统农业耕作的基础上，通过外部资源导入，培育农业种植人才、引进现代化技术、学习先进管理模式，发展绿色、智慧农业，实现农业现代化、规模化、特色化发展。

集聚发展生态工业。承接好粤港澳大湾区产业转移，适应其北部生态发展功能区的定位，发展农产品精深加工、食品研发与智能工厂、新型环保材料研发等环境友好型工业，集聚发展生态工业。引入先进农副产品加工技术和新型加工设备，对七拱淮山、丝苗米、枸杞、阳山鸡等农产品进行初、精、深加工，延伸农业产业链，提升农产品附加值。

挖掘特色旅游资源，打造"研学+文旅"新路线。充分挖掘、保护、利用镇内特色旅游资源，保护修缮和活化利用历史文物及传统风貌建筑，打造"研学+文旅"新路线，发展乡村文化旅游。结合生态农田景观观赏、农事体验、农业种植示范基地参观、特色农产品品尝等，发展创意农业、认养农业、观光农业、共享农庄等特色休闲农业，促进农文旅结合。

（4）乡村振兴小结

七拱镇为国家级农业产业强镇，农业发展基础较好，农产品品质较优。由于该镇地处清远市生态涵养区，工业发展受到一定的限制。基于以上情况，七拱镇立足自身资源禀赋，创造条件推动现代农业和绿色工业发展。同时挖掘特色旅游资源，发展特色休闲旅游，促进七拱镇三产融合和高质量发展。

10. 清远市阳山县小江镇

小江镇帮镇扶村工作队成员共7人，其中5人分别来自广州市委组织部、中共广州市委机构编制委员会办公室、中共广州市委老干部局、广州金融控股集团有限公司、广州轻工工贸集团有限公司，此外还有大学生志愿者和中国农业银行金融助理各1人。

（1）基本概况

小江镇位于阳山县西北部，距阳山县城18千米，国道G107线东西方向贯穿镇域。小江镇全镇总用地面积226.92平方千米。由于山多地少，农业种植规模较小且分散，难以发展现代农业。目前镇内农业以种植水稻、玉米等传统作物为主。此外较大规模种植桑蚕、沙寮葛和贝贝南瓜。桑蚕和沙寮葛种植大部分位于沙寮村，由于沙寮村地处河流冲积平原，土质含沙量高，种植的沙寮葛品质较好，但种植面积不大，产量有限。贝贝南瓜种植基地面积约150亩，产量较大，需要工作队帮助打开销售渠道。

小江镇山体众多，山上分布较多风能发电和光伏发电项目，阳山县约50%的发电项目都集中在小江镇。小江镇共有11个矿场，主要出产大理石和石灰石，目前镇上只有矿场，没有加工厂，石料采集后运到广东云浮、福建等地加工。矿场工人大多为外地人，当地人较少。整体而言，矿业在带动就业和增加社会效益方面效果不明显，且矿产开发对生态造成了一定的破坏，还在安全生产方面给当地政府带来一定的压力。小江镇旅游资源比较丰富，有银杏、温泉及红色旅游等资源。其中龙凤温泉位于石罗村，温泉水量大、水质达到饮用标准，但因为存在民事纠纷，目前处于停业状态。

（2）面临问题

饮水难问题。小江镇农村供水存在"重建轻管"的问题，由于管护标准不高，一些地方存在季节性缺水或水质、水压无法充分保证等问题。

农业产业难以形成规模化生产。当地品质较高的农业产品，如沙寮葛，由于产量低、受众小等原因，无法打造品牌。目前在试种罗汉果、反季节蔬菜等，需要引进企业实行统一经营。

新能源发展项目的参与度较低。小江镇提出打造新能源强镇发展策略，由于能源产业多为国企项目，县级参与较多，镇政府承担征地、建路、复绿等，任务繁重，但参与利益分成份额小。因此工作队建议由村委以土地或筹资入股等方式，参与新能源大项目，获得投资性收益，增加村集体和村民的收入。小江镇各村委楼顶都搭建光伏设施，但实际产生电量不大，且需要后期维护资金。

（3）帮扶策略

解决镇内的饮水问题。一是建设从连江取水的小型水厂，提高镇区的供水能力和扩大服务范围。二是对于偏远村庄的生活用水，计划利用驻镇帮镇扶镇资金加深水井，同时对引自山上的露天水源进行覆盖并加装过滤净化的设备，保障村民的饮水安全。三是建立长效机制，如设立农村供水管护专项资金，由专门成立的公司对所有设施进行管护，以保障供水质量。后期在垃圾处理和污水处理等基础设施的管护中，也可以采用同样的模式。

发展特色果蔬种植。经考察，小江镇的气候和土壤条件都比较适合罗汉果种植。小江镇计划在本地建设一个500亩的罗汉果种植基地，并通过"大户先行、带动小户种植"的模式让当地农户参与其中，提高农户收入。此外，有一企业计划在罗汉山建大棚种植反季节蔬菜和水果番茄，预计亩产收益能达到10 000元左右。

打通农产品的销售通道。广州番禺供销农产品配送有限公司与阳山县本地有实力的企业进行合作，积极开拓广州市场，引导各机关、学校、医院、大中型国企等目标客户采购帮扶地区农副产品。工作队联系带动小江镇内养殖户、种植户提供农副产品，并协助镇政府解决农副产品的采集、储存、运输等供应链环节的问题。

发展石材深加工。小江镇的石材资源丰富，工作队成员通过所在单位引荐一些企业来当地考察，计划整合小江镇矿产资源。利用原北钢厂旧址，发展大理石深加工产业。目前黄埔一家碳酸钙工厂已在小江镇投资建设石灰石加工厂。

（4）乡村振兴小结

小江镇交通欠发达，山多地少，矿产资源较丰富。工作队的工作重点以夯实小江镇的发展基础为主，首先是争取各项资金支持、加大金融惠农业务推广力度，协助农户扩大种养规模；其次是发展特色果蔬种植，打通农产品销售渠道，推动农业的现代化发展。最后是为矿产资源开发找到出路，积极发展石材深加工产业。

11. 清远连州市西岸镇

清远市连州市西岸镇帮镇扶村工作队工作人员共8人，包括5名工作队员、1名金融助理、2名在当地招聘的内勤人员。工作队在摸清镇情村情的同时，也逐渐清晰了乡村振兴的发力方向，主要包括擦亮"进士之乡"文化名片，发展文旅产业，以及依托现代农业产业园延伸农业产业链、提升农产品附加值。

（1）基本概况

西岸镇位于连州市西北部，东北与东陂镇相邻，东南与保安镇相隔，西南与连南县的小龙林场相接，西北与湖南省江华瑶族自治县的码市镇交界，北与丰阳镇相连，距离连州主城区约20千米，距离连南瑶族自治县城区25千米，距离湖南省江华瑶族自治县边陲重镇码市镇40千米，是广东靠湖南最近的乡镇之一。西岸镇对外交通便捷，二广高速、许广高速和国道G537线贯穿其中。西岸镇镇域总面积211.07平方千米，下辖14个行政村，2020年户籍人口5.3万人，常住人口2.2万人。2020年全镇地区生产总值12.79亿元，农业总产值8.81亿元，各行政村集体经济平均收入19.22万元，人均可支配收入15 736元。

西岸镇山水生态良好，土地肥沃，拥有广阔的农田和丰富的水系，有耕地47 303亩，是传统的农业大镇，盛产水稻、蔬菜、水果等。西岸镇连州菜心种植面积达2万亩，甜玉米种植面积1.5万亩，柑橘种植面积1万亩。上述农产品均已通过了国家无公害农产品认证，并培育了连正蔬菜等多个优质品牌。

西岸镇历史文化底蕴深厚，自唐宋时期就有很多古村落，其中东村素有"进士之乡"的美誉，唐宋至明清时期就有18人中进士。南宋抗金名将岳飞曾经驻扎西岸镇，追剿叛军曹成，留下了很多历史遗迹和故事。

（2）面临问题

农产品销售渠道有待打通。西岸镇农产品质优、产量大，但目前缺乏稳定的销售渠道。亟须建设农产品集散中心，解决农产品收购、销售、外运等问题。

基础设施配套欠完善。有部分村存在季节性缺水的问题，用水安全保障能力有待提高。镇容镇貌较差，道路狭窄，圩日赶集时常出现拥堵现象。镇内基础设施配套欠完善，难以满足大部分居民的日常生活需求。

（3）帮扶策略

打通农产品销售渠道。依托现代农业产业园延伸农业产业链、提升农产品附加值。加快农产品集散中心建设，拓宽销售渠道，建立稳定的农产品收购、存储、销售、运输、订单管理等供应链服务。

推进东村农文旅振兴示范片建设。充分发挥西岸镇各村的特色农产品和传统文化优势，擦亮东村"进士之乡"文化名片，推动乡村农旅产业发展。将"七村黄花坪—青草洞—东村—石兰—西岸村龙船"等村落打造成农文旅精品旅游线路，带动石兰古村和七村黄花坪—新铺乡村振兴示范片发展，全面推进乡村振兴。

着力解决人居环境问题。以农旅项目为载体，进一步补齐农村供水、村道建设等方面短板，推进完善生活污水处理设施，提升镇村基础设施水平。加强农贸市场改造提升，完善公共服务体系建设，对镇区进行特色打造，进一步改善农村人居环境，增强投资吸引力。

（4）乡村振兴小结

西岸镇农产品质优、产量大、特色明显，但是目前缺乏稳定的销售渠道；基础设施配套欠完善，镇容镇貌有待提升；传统文化中进士文化优势明显，有利于发展文旅产业。工作队主要依托现代农业产业园延伸农业产业链、提升农产品附加值；建设农产品集散中心，打通农产品销售渠道；大力发展文旅产业，擦亮"进士之乡"文化名片。

12. 清远连州市东陂镇

清远市连州东陂镇帮镇扶村工作队，有6名队员与1名金融助理，队员各自专业背景不同，分别来自广州市黄埔开发区控股集团有限公司、广州高新区投资集团有限公司等。

（1）基本概况

东陂镇镇域面积为108.6平方千米，地理位置优越，交通便利，经济发达，是连州市的中心镇、生态旅游重镇，也是连州市5个特色小镇之一，被列入广东省城乡融合发展省级试点地区名单。东陂镇是土地革命战争时期和抗日战争时期杰出将领冯达飞的家乡。

农业产业。东陂镇水资源丰富，土壤富含硒元素，盛产大米、荸荠、花生、黄豆、柑橘、莲藕、葡萄和火龙果等农作物，并培育了菜心、黄瓜、冬瓜、茄子、荷兰豆等多种无公害蔬菜。镇内有一处大约300亩的风满天花卉基地，花苗以出口为主。

工业产业。东陂腊味是镇上的特色产品，目前镇内有300多家小型家庭作坊进行东陂腊味生产，现有1家香港企业为东陂腊味进行深加工，已拥有自己的生产线，同时收购农户产品，统一品牌、包装进行销售，为打造东陂腊味品牌迈出了重要的一步。

旅游业。东陂镇历史悠久，文化底蕴深厚，是古时的商业重地，保留了古商业码头和多处茶盐古道。镇内保存较好的古建筑众多，部分已被列入全国重点文物保护单位名录。连州地下河是东陂镇的名片，此外还有唐氏宗祠、文旅学院（抗战时期为华南理工大学、华南农业大学等大学的联合办学点）等历史文化资源。东陂镇旅游业发展较成熟，年游客量达100万人次。目前镇内有23家民宿，多为居民个体经营，暂无大型酒店。

（2）面临问题

土地撂荒，农业发展受限。东陂镇交通方便，资源条件良好，适宜农业现代化、机械化、规模化种植，以及农旅产业发展。村民多外出务工，不愿将土地进行流转，因此镇内农田土地撂荒情况较为严重，制约了农业现代化、机械化、规模化种植与农旅产业发展。

产业发展动力不足。镇内小型企业较多，但均缺乏先进技术，产业发展动力不足。部分企业业主有贷款需求，但符合贷款条件的不多，无法利用金融惠农政策扩大生产经营规模。

基础设施配套欠完善。供水是镇内亟须解决的问题，目前有几个自然村仍以山泉引水为主要的供水方式，不能实现自来水普及。农田水利失修，存在水利设施因后期维护不足而荒废的现象。

（3）帮扶策略

促进现代农业发展。引进种植公司，扩大镇内经济作物和花卉种植规模。通过规模化种植、集中管理、建设"种、产、销"一条龙产业链，既降低由自然原因造成的减产，又可以避免个别农户因无法掌握种植技术而造成减产，并提升了农产品的附加值。

打造东陂腊味品牌。东陂腊味产业是东陂镇的优势主导产业，推进优质东陂腊味的产业升级，提高东陂腊味生产效益，打造具有市场竞争力的区域特色品牌。探索"企业帮带、农户参与"乡村产业发展利益联结机制，培育新型致富带头人。

加强基础设施建设。利用帮扶资金，重点解决供水安全问题。此外加强农田水利建设和设施维护，保障农业生产。

（4）乡村振兴小结

东陂镇地理位置优越，是连州市的中心镇、生态旅游重镇，农业资源、生态旅游资源丰富，东陂腊味品牌效益初显。但目前土地撂荒现象较为严重，农业现代化发展受制约；镇内基础设施配套欠完善；优势品牌及文旅发展有待加强。工作队应积极推动东陂镇农田资源、文旅资源整合，促进现代农业、特色农文旅发展，打响东陂腊味特色品牌，加强基础设施建设。

（三）青年返乡意愿调查

"人"是乡村振兴的关键因素，返乡青年则是实施乡村振兴战略的重要力量。通过广东省青年下乡返乡就业创业意愿问卷调查，了解青年下乡返乡的意愿与原因、就业创业倾向的工作类型、在农村创业所需要的资源与条件，通过与城市工作的优势对比，提出促进青年下乡返乡就业创业的措施。回收问卷412份，其中男女比例为43：57，年龄35岁及以下的约占95%，户籍为广东省的约占90%，学历本科及以上的约占96%，各项情况的差异主要体现在不同区域和身份中。

1. 青年下乡返乡的意愿分析

目前，珠三角地区对粤东西北地区青年的吸引力依然很大。被调查者中，在珠三角就业创业的青年占63%。在珠三角地区就业创业的人群中，来自粤东地区的占12%、粤西地区占9%、粤北地区占8%、广东省以外的地区占8%（表2-10）。

粤东西北地区就业创业人群，基本由本地返乡人员组成。在粤东西北地区就业创业的被调查者中，超过85%是返乡的本地人。其中粤西地区本地就业创业的比例最高（96%），粤北地区相对最低（85%）。

表2-10　不同区域常住人口来源地分析

常住地	户籍占比				
	珠三角/%	粤东/%	粤西/%	粤北/%	广东省以外/%
珠三角	63	12	9	8	8
粤东	6	88	0	0	6
粤西	4	0	96	0	0
粤北	7	4	0	85	4
广东省以外	13	4	0	4	79

广东各区域的青年下乡返乡意愿均较大。在"是否有意愿下乡返乡就业创业"问题中，约66%的被调查者表示有下乡返乡就业创业的意愿。广东省青年下乡返乡的意愿度比广东省以外的地区高出约10%。广东省各区域的青年下乡返乡的意愿度差别不大，相对来说珠三角地区（68%）、粤西地区（68%）略高于粤东地区（65%）、粤北地区（66%）（表2-11）。

表2-11　不同区域的青年下乡返乡意愿情况

户籍所在地	是否有下乡返乡意愿占比	
	是/%	否/%
珠三角	68	32
粤东	65	35
粤西	68	32
粤北	66	34
广东省以外	56	44

被调查的外出务工人员近50%表示有返乡意愿，在外打拼多年后，随着可支配资金、工作经验、技术水平和人脉资源的提升，他们萌生返乡创业就业的想法。根据调查，已返乡就业的被调查人员基本为大专及以上学历，其中自愿返乡的人员约占84%。在校大学生的返乡意愿比外出务工人员更为强烈，约67%的在校大学生表示有返乡意愿，亦有小部分学生希望先在大城市工作几年积累经验、提高见识，再返乡就业（表2-12、表2-13）。

表2-12　不同身份的青年下乡返乡意愿情况

身份	是否有下乡返乡意愿占比	
	是/%	否/%
外出务工人员	46	54
已返乡就业人员	84	16
在校大学生	67	33

表2-13　不同身份的青年学历情况

身份	学历占比			
	高中（中专）/%	大专/%	本科/%	硕士及以上/%
外出务工人员	1	2	83	14
已返乡就业人员	0	3	89	8
在校大学生	3	1	94	2

2. 下乡返乡青年倾向的就业创业工作类型

政府单位相关工作是下乡返乡青年最期待的工作类型。广东省本地被调查者选择政府单位就业的比例平均约为44%。在广东省各区域中，粤西地区（54%）占比最高，珠三角地区（39%）占比最低。

自主创业、乡村事业单位是下乡返乡青年较期待的工作类型。被调查者中，选择自主创业的人数相对较多，广东各区域占比相对比较均衡，但粤西地区远低于20%，其他3个区域均在20%左右，这在一定程度说明粤西地区的创业机会相对较少。广东各区域选择乡村事业单位的比例差异较明显，珠三角地区在20%以上，其他3个区域在15%左右（表2-14）。

表2-14　不同区域青年倾向的就业创业工作类型情况

户籍所在地	就业创业工作类型占比					
	公务员/%	乡村事业单位（学校、医院等）/%	乡村企业单位/%	自主创业/%	新型职业农民/%	其他/%
珠三角	39	22	8	23	5	3
粤东	47	18	6	21	4	4
粤西	54	14	2	16	6	8
粤北	51	15	4	19	7	4
广东省以外	35	22	9	16	16	2

3. 下乡返乡青年认为在农村创业所需要的资源

对下乡返乡青年在农村创业所需要的经济资源、政治资源、文化资源、社会资源进行分析。

经济资源包括资金、厂房、设备、工具等，是公认的最迫切需要解决的问题。资金不足，创业融资困难是青年下乡返乡创业的重要瓶颈。

政治资源和社会资源是较重要的因素。选择政治资源和社会资源的平均占比分别为22%和24%。在广东省各区域、广东省以外地区差别不大，相对来说广东省以外地区认为政治资源重要的占比更高，粤西地区认为社会资源重要的占比更高（表2-15）。

乡村就业指导、职业能力培训等文化资源也是青年创业所需的重要资源。其中，认为文化资源重要程度高的在校大学生（16%）多于外出务工人员（9%）、已返乡就业人员（7%）（表2-16）。

表2-15　不同区域青年认为在农村创业所需要的资源情况

户籍所在地	所需要的资源占比			
	经济资源/%	政治资源/%	文化资源/%	社会资源/%
珠三角	42	23	14	21
粤东	50	20	5	25
粤西	40	22	10	28
粤北	42	17	15	26
广东省以外	31	29	20	20

表2-16　不同身份青年认为在农村创业所需要的资源情况

身份	所需要的资源占比			
	经济资源/%	政治资源/%	文化资源/%	社会资源/%
外出务工人员	40	29	9	22
已返乡就业人员	44	29	7	20
在校大学生	42	17	16	25

4. 青年下乡返乡就业创业的主要原因

对家乡或乡村的情感纽带和责任感是首要原因。在广东各区域中，大多数的被调查者表示在家乡附近就业创业能够与家人团聚、享受亲情，对家乡或乡村的情感纽带和责任感促使他们下乡返乡。这源自中国社会的乡土性，人对于故土始终怀着最虔诚的精神寄托，故土代表人们最原始的乡土情结和记忆。

乡村的发展前景、宜居的环境和轻松的氛围也是重要原因。相较于城市竞争激烈的外部环境，家乡宜居的环境和相对轻松的工作氛围也让一部分在外打工的青年认为返乡创业是最优选择（表2-17）。

表2-17 不同区域青年下乡返乡就业创业的主要原因

户籍所在地	下乡返乡就业创业的主要原因占比				
	国家乡村振兴的政策利好，乡村就业创业机会多/%	对家乡或乡村的情感纽带和责任感，享受亲情/%	宜居的环境和轻松的氛围/%	能够充分发挥自身才能，创造财富/%	其他/%
珠三角	68	72	64	34	2
粤东	75	84	71	29	1
粤西	54	74	60	36	2
粤北	72	79	79	38	6

注：该调查问卷允许受访者选择多个选项。

乡村的发展前景越来越得到在校大学生的认同。在校大学生选择"国家乡村振兴的政策利好，乡村就业创业机会多、有发展前景"的比例约为77%，远高于外出务工人员（67%）和已返乡就业人员（55%），他们返乡就业创业的潜力大，对乡村发展充满了憧憬（表2-18）。

表2-18　不同身份青年下乡返乡就业创业的主要原因

身份	下乡返乡就业创业的主要原因占比				
	国家乡村振兴的政策利好，乡村就业创业机会多、有发展前景/%	对家乡或乡村的情感纽带和责任感，享受亲情/%	乡村的发展前景、宜居的环境和轻松的氛围/%	能够充分发挥自身才能，创造财富/%	其他/%
外出务工人员	67	57	61	38	3
已返乡就业人员	55	82	68	32	2
在校大学生	77	80	70	35	3

注：该调查问卷允许受访者选择多个选项。

5. 下乡返乡青年期待的就业创业措施

提供市场信息、搭建创业平台被认为是最重要的措施。约83%的被调查者表示他们最需要获得市场信息和创业平台的帮助（表2-19）。近年来，政府陆续出台了一系列优惠政策来推动下乡返乡青年创业，但在调查中发现，由于政府对已出台的优惠政策没有进行较为深入和用心的宣传与推广，下乡返乡青年在创业前并不了解政府鼓励和引导下乡返乡青年创业的优惠政策，从而影响了下乡返乡青年创业活动的有效开展。

表2-19　不同区域青年下乡返乡就业创业期待的扶持措施

户籍所在地	就业创业需要的扶持措施占比					
	创业培训服务，劳动技能提升/%	提供市场信息，搭建创业平台/%	降低贷款条件，提供金融支持/%	放宽用地限制，降低使用成本/%	降低税赋标准，提供税收减免/%	其他/%
珠三角	66	82	75	69	69	6
粤东	71	84	74	76	76	1
粤西	64	80	64	48	58	8
粤北	74	85	66	68	72	4

注：该调查问卷允许受访者选择多个选项。

培训、金融支持、放宽用地限制、减免税收等措施存在区域差异。选择"创业培训服务，劳动技能提升"的粤北地区青年最多（74%）；广东省内选择"降低贷款条件，提供金融支持"的珠三角地区青年最多（75%）；选择"放宽用地限制，降低使用成本"的粤东地区青年最多（76%）；选择"降低税赋标准，提供税收减免"的粤东地区青年最多（76%）（表2-19）。

开阔下乡返乡青年眼界、为子女提供更好的教育是迫切需要改善的方面。被调查者认为"能开阔眼界，接触较多新鲜事物""能够使子女接受更好的教育，有利子女发展"是在城市工作的优势，总体比例分别约为87%、77%。"收入远高于返乡就业创业，且比较稳定""能掌握一定的技能技术及经营管理经验""更易取得城市户口，享受城市户籍福利"所占总体比例分别约为56%、55%、43%。区域差异、身份差异不明显（表2-20、表2-21）。

表2-20　不同区域青年认为在城市工作的优势

户籍所在地	在城市工作的优势占比					
	收入远高于返乡就业创业，且比较稳定/%	能掌握一定的技能技术及经营管理经验/%	能开阔眼界，接触较多新鲜事物/%	能够使子女接受更好的教育，有利子女发展/%	更易取得城市户口，享受城市户籍福利/%	其他/%
珠三角	62	58	86	80	48	2
粤东	51	56	88	79	45	1
粤西	52	38	82	62	32	2
粤北	53	57	94	83	36	2
广东省以外	49	58	91	73	40	7

注：该调查问卷允许受访者选择多个选项。

表2-21　不同身份青年认为在城市工作的优势

身份	在城市工作的优势占比					
	收入远高于返乡就业创业，且比较稳定/%	能掌握一定的技能技术及经营管理经验/%	能开阔眼界，接触较多新鲜事物/%	能够使子女接受更好的教育，有利子女发展/%	更易取得城市户口，享受城市户籍福利/%	其他/%
外出务工人员	61	54	85	80	38	3
已返乡就业人员	55	53	91	80	39	0
在校大学生	55	57	86	75	48	3

注：该调查问卷允许受访者选择多个选项。

6. 小结

目前，珠三角地区的就业创业机会对粤东西北地区青年的吸引力依然很大；而在粤东西北地区的就业创业人群，基本是由本地返乡人员组成，尚未形成对珠三角地区人员的反向吸引力。广东省青年下乡返乡意愿度普遍比广东省以外高出约10%；广东不同区域的青年下乡返乡意愿度均较大、差异不明显，约66%的被调查者表示有下乡返乡就业创业的意愿。不同身份在下乡返乡意愿方面具有明显的差异性，其中已返乡就业人员的返乡意愿最高达84%，在校大学生的返乡意愿比外出务工人员更为强烈。

在青年下乡返乡倾向的就业创业工作类型中，公务员是下乡返乡青年最期待的工作类型，自主创业和乡村事业单位是较期待的工作类型。下乡返乡青年在农村创业所需要的资源中，经济资源是大家公认的最迫切需要解决的问题，政治资源、社会资源是较重要的因素，"文化资源"是在校大学生认为非常重要的因素。

青年下乡返乡就业创业的主要原因，首先是对家乡或乡村的情感纽带和责任感，其次是对乡村的发展前景、宜居的环境和轻松的氛围的向往。在下乡返乡青年期待的就业创业措施中，"提供市场信息、搭建创业平台"被认为是最重要的措施。目前青年还没有下乡返乡就业创业，最主要的原因是城市"能开阔眼界、能够使子女接受更好的教育"，因此这方面是乡村地区迫切需要改善的方面。

三、广东乡村振兴特征

（一）总体问题

自2018年乡村振兴战略实施以来，广东乡村振兴成效显著，乡村农业产业、村容村貌和村民的生活水平等方面，均取得了喜人的成绩，尤其珠三角地区的乡村振兴，走在了全国前列。但同时，相较于江苏、浙江等省份，广东的乡村振兴在整体上仍有不足之处。由于少部分利益主体急功近利的短期行为，加之对环境的保护力度不够，乡村生态环境问题突出。而且区域发展不平衡，乡村经济水平、农业现代化水平呈现明显区域差异化，珠三角地区乡村经济较发达，农业现代化程度相对较高，而粤东西北地区乡村资源丰富，但未能充分利用乡村资源并发挥其价值，存在基础公共服务不足、基层人才短缺、产业发展滞后等问题，未能形成乡村自身发展的内生动力。同时，还存在乡村面貌相对落后，当地乡土风情需要保护和传承，岭南乡村文化特色亟待凸显等问题。

1. 乡村生态环境不断恶化

以牺牲生态环境为代价，获得短期经济利益。许多农业生产经营者为片面追求经济效益，提高粮食产量，在粮食生产过程中过量使用化肥、农药、动植物生长激素，使农业生产用地遭到严重污染和破坏，包括产业土地硬化、酸碱度失衡问题，各种农产品包括粮食、蔬菜、水果和肉类总体质量下降，甚至许多农产品有毒有害物质超标，快速城镇化过程使农村环境问题日益严重。在以交通和产业为导向的发展模式下，广东省大量农村集体出租土地、厂房给工业企业，形成"村村点火、户户冒烟"的发展模式，部分耕地遭到蚕食。此外，随着城镇化速度持续加快，农村大量劳动力外出，由于劳动力流失、农村空心化严重和农业经营方式现代化等因素，农民与土地割裂，土地未得到较好的维护，农业产业附加值较低，耕地撂荒情况严重。同时，耕地资源碎片化、低效化和低值化，导致农业产业高质量发展受阻。

生态环境意识薄弱，缺乏维护和管理意识。近年来，广东各级政府投入大量的资金，开展"三清三拆三整治"工作，建设污水处理设施，加强村庄保洁和生活垃圾转运，改善农村公共厕所卫生条件等，改善了农村生活环境。但由于广大农民知识水平和文化素养相对较低，农村生态文明建设的意识尚未深度内化，环保知识与意识欠缺，使部分农村生活污水处理设施因管理维护失当而停用，村容村貌整治不久之后就被"打回原形"，甚至连新修建的休闲空间也很快就杂草丛生，无人问津。此外，不少农民群众，在保护生态环境中没有认清定位，认为环境治理应当是政府工作人员的职责，环境恶化是政府不作为、不重视环境问题所致，将自己置身事外，生态保护参与度、践行度较低，严重缺乏生态保护责任意识。

农业生态资源综合效能未得到充分发挥。农业生态资源是稀缺的生态环境要素，能提供调节气候、涵养水源、维护生物多样性等生态服务。农业生态资源和其他生态产品一样，资源价值无法通过市场或难以通过交易机制实现。农业生态资源外在于市场的价值往往被人们忽略，甚至预支，出现无效率的浪费与滥用，导致环境的污染与破坏等生态问题。

人居环境质量相对落后。长期以来，广东农村基础建设"欠账"较多，存在垃圾污染严重、污水肆意排放、道路泥泞不堪、公共设施缺乏等各种农村人居环境问题。相对于粤东西北地区，珠三角地区农村人居环境基础较好，但在快速工业化和城市化过程中，农村地区工业污染源量大、面广、负荷大。且在城乡接合部形成的特殊乡村社会形态"城中村"缺乏传统乡村环境的美感，岭南乡村景观风貌特色丧失，人居环境质量较差。

2. 农村经济发展相对落后

生活富裕是乡村振兴的最基本、最重要的目标。广东作为我国的农业大省，近年来农民收入增长可观，但农民人均纯收入与江苏、浙江等省份的差距却连年增大。广东农民人均纯收入在2000年位居全国第四位，此后的十几年中，广东的排名不断下滑，接连被天津、江苏、福建超越，根据广东省农业农村厅网站数据，2020年广东农民人均纯收入在全国排名中下滑到第七位。广东省内发展极不平衡，全国最富的地方在广东，最穷的地方也在广东。广东应积极解决城乡贫富差距问题，优化乡村产业结构，发展乡村特色经济，实现乡村振兴的战略目标。

3. 产业发展创新力不足

截至2020年底，广东依托"一村一品、一镇一业"，推广"企业（合作社）+基地+农户"模式，在全省创建14个国家级、161个省级、55个市级现代农业产业园，扶持2 000个村、200个专业镇发展农业特色产业，广东在产业振兴的道路上积极前进。但目前，广东特色农业发展布局缺乏强有力的优势主导产业作为支撑，即使部分乡村具备一定规模的农业产业基础，也未形成配套的产业链及支撑服务体系。在农业增长方式方面，依然以粗放型经济增长为主，农业科技竞争力处于劣势，农产品加工水平相对落后，初级农产品的附加值不高，精深加工及综合利用不足，产后损耗大、品质难保障。此外，由于未充分分析市场需求、特色资源分布较分散，各区域之间缺少沟通交流与合作，对本区域的比较优势和资源优势分析不透彻，较难实现共赢发展。整体而言，农业现代化仍是广东"四化同步"的短板，农业规模化、集约化、专业化、特色化和信息化程度有待提高，农业效益还需进一步发展。

4. 文化建设不足

乡风文明建设是乡村振兴的根本与灵魂，乡村文化振兴是当前乡村社会发展的必然要求。但是，广东现阶段的乡村文化建设还有很多不足之处，具体表现为乡村文化公共基础设施重建设、轻服务，乡风文明建设主体重外力、轻内力，乡风文明建设政策重制定、轻执行。珠三角地区的乡村受高度城镇化影响，以建设城市的方法建设农村，以城市文化替代农耕文化，乡村传统文化遭到较为严重的破坏；部分乡村文化发展不当，乡村定位不准，规划不妥，照搬其他地方特色，对乡村历史文化的保护与传承力度不够。粤东西北地区，农村文化建设资金短缺，文化公共基础设施建设未完善；农村文化建设的整体素养不高，管理体制不完善，导致一些从业人员对文化建设工作不积极，从某种程度来看，使得文化资源配置不科学，这对乡村文化建设的发展产生了一定影响。广东应积极将传统文化保护与弘扬新时代新风气结合起来，传承岭南文化基因、保留优秀文化形态、珍惜文化资源、守正文化根脉。以乡风文明滋养乡村振兴之路，推进美丽乡村内外兼修。

5. 基层治理问题难点多

有效治理是乡村振兴的重要根基，广东作为改革和基层治理的先行者，在不同地区因地制宜实行不同治理模式，取得了成效，也暴露了问题。在珠三角农村地区，农村基层治理的重大问题之一为土地纠纷治理问题，佛山、江门、珠海等经济发达地区的农村土地承包地权属纠纷是历史遗留问题。在粤东西北地区，农村基层治理存在的主要问题是党员流失严重、党员队伍老龄化、文化水平偏低、党建领导核心作用不强等，因而基层党组织的领导地位呈现弱化、边缘化局面，无法深层次治理农村发展问题，不能承担领导村民自治的重任；治理机制不完善，村民自治组织在规划实施中未能发挥应有的作用，基层监管失灵等。广东应加强建立健全农村基层治理机制和政策，坚持自治、法治、德治相结合的乡村治理体系，打造共建共治共享的乡村治理新格局，以治理有效引领乡村振兴。

6. 农业产业发展缺少适用人才支撑

乡村要振兴，人才是关键。目前广东农业农村人才在规模、结构、素质等方面距离乡村振兴要求仍然存在不小的差距，突出表现在农村年轻后备力量缺乏，现有队伍文化程度普遍偏低，农业新产业新业态人才严重不足，招人难、留人更难等现象相当普遍，特别是在粤东西北地区尤为突出，已成为广东乡村振兴的瓶颈。随着城市化进程的发展，村庄空心化、农户空巢化、农民老龄化趋势加剧，普遍存在老化、弱化和退化的"三化"现象，存在农村人才流失、乡村治理能人难寻、治理能力不足等问题。

（二）区域差异

改革开放40年间，广东不同区域的乡村地区发展机制不同，导致了显著的差异化，也形成了不同的发展模式与现状特征。一是改革开放后，珠三角地区在从计划经济向市场经济转轨的过程中，利用国家赋予的优惠政策，以其独特的地理区位、土地条件和劳动力等优势，与外来资源相结合，创造了由地方政府主导的外向型快速工业化经济发展模式，走出一条具有中国特色的沿海地区新型工业化发展道路。珠三角农村地区主要为珠三角工业产业发展提供土地生产资料、劳动力。二是珠三角外围的粤东西北地区的劳动力、资本被珠三角地区大量虹吸，导致粤东西北地区出现了人力与资金要素的大量流失，进而产生空心村、人居环境与生活品质下降等问题。在乡村发展转型过程中，外部性的环境变化、内部要素分化与重构，直接影响乡村的发展路径和模式选择，各类要素的差异性变化使得珠三角及粤东西北地区乡村形成了各具特色的地域发展模式。

1. 珠三角地区

珠三角地区包含广州、佛山、肇庆、深圳、东莞、惠州、珠海、中山、江门9市，总面积约为5.5万平方千米，占全省总面积的30.5%；2020年，珠三角地区年末常住人口为6 446.9万人，占全省常住人口的56%。核心地区城镇化率达86.3%，与发达国家和地区水平相媲美。珠三角地区的先发优势有利于经济活动聚集，使各个产业活动之间的协作配合及产业规模扩大成为可能，加速各种要素的集聚，从而产生强大的集聚效益和规模效益。珠三角地区土地面积占全省土地面积的30%左右，地区生产总值占据全省的80.7%。其中，第一产业总产值占全省比重仅32.8%，第二、三产业总产值占全省比重均超过80%。珠三角人均GDP最高，2020年约为13.6万元，比长三角地区人均GDP高4.1万元。改革开放以来，在外向型经济、乡村工业化和城市化多重驱动下，珠三角地区的乡村经历了快速发展与转型历程，形成了独特的"珠江模式"，包括以下特征：

传统乡村受到极大的冲击。珠三角地区地处粤港澳大湾区中心地带，是城市和工业发展的主要地区。在以广佛肇、深莞惠、珠中江都市圈为发展核心的"大集聚"格局影响下，城乡之间要素交互流动的强度加大，都市核心区朝着知识技术密集型产业体系转型，并重点发展现代服务业，将制造业、服务业后台环节等外溢到城市周边郊区。产业的区域化配置推动珠三角地区乡村趋向多元化发展，乡村空间急剧分化，乡村农业在国民经济中占比降低，同时也出现大量乡村人口转移流失现象。在快速城市化进程中，城乡建设用地供需矛盾进一步突出，形成了特殊的城乡二元土地制度格局，传统乡村结构受到冲击，形成了大量的城中村。城中村在空间上往往具有破碎化特征，呈现出大城市群下马赛克式的空间格局。

乡村生态问题突出。珠三角地区经济快速发展带来了农村经济繁荣，但在快速城市化进程中，由于缺少农村建设管理经验，给美丽乡村建设和城市整治建设留下了很多"包袱"。部分农村环境治理落后于经济发展，农业环境污染等生态问题日益突出，成为制约当地农业可持续发展的重要因素。此外，城中村凭着良好区位、廉价住房和宽松管制等条件，成为城市中"出租屋经济"的活跃区，其用地混杂、建筑密集、设施匮乏、环境质量差，在土地利用、建筑景观、规划管理等方面，都和周边城市地域存在强烈反差。

乡村产业多元化发展。珠三角核心区以深圳经济特区的建立为起点，发展出独特的乡村工业化和城市化模式（自下而上的珠江模式）。在农业产业方面，珠三角农村地区传统农业的生存空间不断被压缩，生态绿色农业前景广阔，农业现代化、集约化、机械化程度不断加深，农业生产效率不断提高，多种优质高效的农作物产量均居全国前列；工业产业方面，乡镇企业快速崛起，在市场需求及政策条件的推动下，各种新型产业应运而生，带动了农村富余劳动力就业，同时促进了农村其他服务业发展。农村产业主体多样化局面的形成，使得农村产业向社会化、现代化方向推进，进而形成较为完整的产业链。珠三角农村地区凭借城市的产业带动、资源外溢、国家政策扶持，以及交通便利等优势，社会经济水平取得了飞跃般的提升。村集体经济组织收入增长趋势明显，乡村经济发展水平明显高于粤东西北地区。

岭南文化特色发展。珠三角地区是岭南文化的发源地，有着代表性的广府文化、侨乡文化。城市旧城区古村落较多，随着城市空间的迅速扩张，许多千年古村落日渐衰落，文化景观受到现代化侵蚀。1998年广州出台历史文化名城保护政策，对古村、古民居、宗祠等进行修缮和保护，同时整治和改善周边环境，以静态展示的方式吸引游客参观游览。自此，各地开始重视古村的修缮保护，如广州小洲村、番禺沙湾古镇等古村落风貌，吸引了大量创意工作者前来进行写生、摄影等艺术创作，吸引了各类创意项目、艺术活动和特色商铺落户。创意人才的集聚推动了当地文化创意产业的发展，进一步丰富旅游业态，形成旅游业和文化创意产业相结合的发展模式。

2. 粤东西北地区

粤东西北地区指广东省除珠三角9市以外的12市，包括汕头、揭阳、潮州、汕尾、湛江、阳江、茂名、韶关、梅州、云浮、河源和清远。粤东西北地区总面积12.49万平方千米，约占全省总面积的70%；2020年常住人口5 073.7万，占全省的约44%；城镇人口2 555.8万人，城镇化率50.9%。自2013年粤东西北地区振兴发展战略实施以来，粤东西北地区发展取得了不错的成绩，但粤东西北地区土地面积约占全省土地面积的70%，地区生产总值仅占全省的20%，与珠三角发达地区相比，多项经济指标有较大的差距。

发展条件制约了地区经济发展。受客观地理因素影响，粤东西北地区乡村远离主力市场，广阔的乡村大地无法成为社会资本投资的热土，乡村经济发展缺少了有效的外部支援。一方面，粤东西北地区在区位上离"广深港澳"等快速发展地区相对较远，无法得到直接的产业功能辐射；另一方面，其以山地、丘陵为主的地形条件及相对落后的交通设施，造成了区域交通联系不便。因此，粤东西北地区的乡村经济发展相对滞后，使得乡村产业发展、土地经营、公共设施建立管理、各类资源要素活力等诸多方面都受到制约，乡村面临劳动力严重流失、人才资源短缺等问题。

资源要素不断输出形成恶性循环。粤东西北地区经济基础薄弱，长久以来以资源和要素输出为主，乡村经济发展严重滞后。农村居民人均可支配收入、村集体经济明显低于珠三角地区。统计数据显示，粤北山区所辖（或代管）的36个市县，有14个贫困县，在全省16个贫困县里占比极高，是广东经济发展的弱势区与欠发达区，乡村公共服务设施、基础教育、社会保障水平、医疗卫生等条件与珠三角地区差距明显。粤西地区三市均为沿海城市，有发展海洋经济的优势，但交通设施相对落后，村落的优势人口均往珠三角等经济发达地区发展，人口流失导致地域文化逐渐薄弱，社会组织也相继衰落，制约了乡村经济的发展。

产业结构有待优化。粤东西北地区乡村经济发展水平落后的原因之一，是产业结构不协调。农业在粤东西北乡村地区生产总值中依然占据较大比重，其中粤西和粤北地区尤为明显，粤东地区农业产值比重相对较低，但从事农业生产的劳动力占总人数比例相对较高。基于粤东西北地区乡村产业结构不协调的现状，广东省委、省政府积极把现代农业产业园建设作为实施乡村振兴战略的"牛鼻子"，促进乡村产业结构优化，有效提高了乡村人民的经济水平。

乡村资源价值有待转化。粤东西北地区具有丰富的自然资源和良好的生态环境，如粤东和粤西地区的海洋资源、粤北地区的生态山林等。从先秦时期就发源起来的高度文明，历经世代变革与传承，更是孕育出了多种多样、内涵深刻、地域鲜明的历史文化，如粤北的客家文化，粤西的雷州文化和粤东的潮汕文化，与珠三角的广府文化共同构成了广东岭南文化的主体。丰富的自然资源与多彩的文化资源，成就了不同区域的个性与魅力，广阔的乡村地区因独特的乡风民俗、乡土风貌、乡村聚落和田园风光，又进一步丰富了自然、文化资源的内涵与层次，成为乡村价值的主要载体与乡村发展的核心基础。根据广东省文化和旅游厅2019

年发布的《广东省乡村旅游开发资源目录（第一批）》，全省21个地级市部分可进行开发利用的乡村资源，其中珠三角地区9市共计包含1 166个项目，粤东西北地区12个地级市，可开发乡村资源项目总数量达到了3 503个。这些数据反映了粤东西北地区乡村资源的丰富多样，同时也反映了大量优质的乡村资源未被充分利用与开发的现实。这既有地处偏远、乡村资源散落分布的客观因素，同时也与乡村建设发展的导向有着必然联系。基于区位、交通条件及资源要素不断被虹吸的现状，粤东西北乡村地区的自然资源、农业资源和文化资源未得到充分的挖掘和利用，亟须加强城乡要素流动，打通乡村资源价值转化的路径，唤醒"沉睡"的乡村资源。

（徐永坚）

路径探索篇

第三章，分析国内外乡村振兴的成功经验，如乡村发展理念、发展策略、发展路径和乡村治理机制等。总结可借鉴的经验和做法。

第四章，"两山"理论是生态文明建设的核心理念，是实施乡村振兴战略的根本遵循。本章基于"两山"理论，提出广东实施乡村振兴战略的五大策略，包括：推动农业可持续发展、生态修复与产业融合发展、乡村文化保护、全域土地综合整治、乡村治理现代化。

第五章，基于广东城乡区域的特征与差异，在案例和理论学习的基础上，提出广东乡村振兴的总体目标与重点任务、分区域城乡协调发展路径和分区域乡村振兴路径，旨在为广东未来的乡村振兴发展提供借鉴。

第三章 国内外乡村振兴经验借鉴

一、国外案例借鉴

（一）日本：以资源的可持续利用为主导进行内源式发展

20世纪80年代，日本农村凋敝、农村空心化、农产品供应不足等问题日益突出，在此背景下日本开始探索乡村振兴的有效途径[4]。

1. 将多功能战略与补贴激励结合，推进环境治理和农业发展

日本的乡村振兴经历了将近40年的时间，可以分为3个时期，每个时期都有相对应的不同政策，都强调构建人与自然的和谐共存关系。

战后恢复时期（20世纪40年代末至60年代初）。日本先后出台了《农业协同组合法》《地方自治法》《土地改良法》《农地法》等一系列政策法案文件，这些法案文件构成了日本农业农村发展的基本框架，此后各项法案都以此为基础，针对特定地区、特定要素、特定主体进行细化和完善。

快速发展时期（20世纪60年代中期至90年代末）。农业用地的分布形态开始规则化，土地流转的方式开始宽松和自由化，农业、农村、农民都有了集体组织，农民话语权增强、地方自治灵活化，农业生产开始向规模化转变。到了1998年，日本农户的户均收入和人均收入分别高出城市职工的22.8%和4.6%。

多元融合时期（1999年后）。日本政府开始重视有机农业的发展，分别于2002年和2006年出台了《日本农业标准》《有机农业促进法》等，通过向农户提供咨询服务、管理和技术培训、支持农户的耕作从传统作物向有机作物转变、拓宽有机作物的销售渠道、鼓励农业向有机化转型等手段，以实现利用农业自然循环功能、减少化肥和农药使用、降低基因重组技术需求等目标。消费者对有机产品需求的日益增加，也是有机农业发展的动力之一。

2. 田园综合体作为多元化发展的新型农业模式

日本通过田园综合体建设，不仅是要推动经济、重塑文化，实质上也是要优

化国家治理结构，重新理顺国家与社会之间的关系，最终找到多元共治格局的平衡点[5]。该模式以田园社区为空间范围，在传统农业生产的基础上，结合现代化的科学技术，运用集约化的经营管理方法，将自然资源、人文资源、科学技术和基础设施等进行综合考虑，延长农业产业链，让主体充分参与，获得更多收益，从而达到更优的经济效应。在这个过程中，日本推出了一系列惠农政策，鼓励农村根据自身优势，实施具有当地特色的农村发展模式，即"一村一品"工程。

3. 利用"扶智"工程培养专业化农业人才队伍

日本的乡村振兴以综合性的区域发展为目标，注重农民收入的增加、农民的全面发展、农村生活质量的提高。在乡村振兴过程中，日本实施了一系列的"扶智"工程，尤其加强针对农民的专门培训机构的建设，免费向农民传授技术，将农民培养成具有一技之长、有较高职业技能的职业农民。"扶智"工程使日本农村快速发展起来，为乡村振兴储备了专业化人才队伍。

4. 策划大地艺术节，带动乡村振兴

越后妻有地区（又称十日町地区）的面积达760平方千米，包括1市1村4镇。越后妻有地区是日本"鱼米之乡"的代名词，也是川端康成笔下的"雪国"。1996年，基于人口老龄化、年轻人外出务工、学校因没有生源而关停、乡村祖宅由于无人居住而衰败、传承千年的耕种文化无人继承等问题，越后妻有地区提出以"艺术"为突破口的"十日町地区理想乡村建设计划——越后妻有地区艺术圈构想"。此后，越后妻有地区每三年举办一届"大地艺术节"，邀请全球艺术家到越后妻有地区进行在地创作。大地艺术节以乡村、田野为艺术创作的空间载体，将融合当地风土人情和历史文化的艺术作品放置于青山、梯田、森林中，越后妻有地区被打造成为无围墙的艺术馆。大地艺术节的成功举办，使越后妻有地区成为备受国际瞩目的艺术之乡，来自世界各地的游客络绎不绝，乡镇重获新生。

（二）韩国：以"新村运动"实现城乡共同富裕

韩国"新村运动"是自20世纪70年代开始、为期十年的农业改革运动，其目的是缩小农村与城市的差距，同时也让韩国走向了富强之路。"新村运动"的口号是"让所有的村庄，都从落后停滞的传统村庄发展成为先进的现代村庄"。"新村运动"取得了巨大的成效，蓬勃发展的农村为韩国的经济带来了新动力。

"新村运动"分为4个阶段：

基础起步阶段（1970—1973年）。该阶段以政府为主导，重点是改善生活基础设施、扩修道路、修缮房屋、美化环境等。同时，政府还主导提升乡村的农田质量，提供种子等生产资料。在这个阶段，政府以资源利用效率为评判标准，将村庄进行分级，并加大对资源利用效率高的村庄的支持力度，以更大程度地激发农民的积极性。

全面拓展阶段（1974—1976年）。该阶段的重点是增加农民收入。在继续加强建设基础设施等方面的基础上，制定了"增加收入"计划，调整农业结构，发展多种经营模式，兴办新村工厂。同时，为了加深政府官员对新村运动的理解，提升共识，政府组织干部到农村对新村运动的具体实施开展指导。并且成立了新村运动研修院，为更好地开展新村运动培养人才。

充实提高阶段（1977—1980年）。该阶段在继续推动增加农民收入的基础上，重点鼓励发展畜牧业、农产品加工业和特色农业，并使之有机结合，以促进城乡差距进一步缩小。

跨越自我阶段（1981年后）。该阶段的重点是建立发展全国新村运动的私营部门，逐步实现从政府主导向民间主导的转变。同时，明确划分政府和私营部门职责：政府主要职能是制定总体规划，以调整农业结构，同时提供协调、服务、资源等方面的支持；私营部门主要负责新村运动的宣传、培训、信息交流等工作。在以民间为主导的基础上，政府大力鼓励农民发展多元化的经营之路，使得农村居民的生活水平逐渐接近城市水平。

韩国新村运动依靠国家力量的大力扶持、社会力量的广泛参与及"勤勉、自助、合作"价值观的指导，在全国范围广泛开展，并使韩国农村发生了翻天覆地的变化，总结经验有以下几点：

1. 加大对农村基础设施建设的投入力度

韩国投入了巨大的资金，以改善农村基础设施条件。调查资料显示，在1970—1980年期间，韩国累计投入2.8万亿韩元，进行农村基础设施改善。总结韩国的经验，包括两个方面：一是从实地调研出发，了解农村亟须改善的问题，首先改善农村的生活条件，再深入进行乡村治理。二是政府充分发挥民众的主观能动性，在执行发展规划时，制定建设物资支持、干部选拔等激励政策，强化基层干部、群众对改造家乡的决心。

2. 采取多种措施增加农民收入

政府为了鼓励农业经营、增加农民收入，采取了多种措施。首先，政府免除部分农业的生产增值税、一些困难农民的税费。其次，在全国范围内推广"统一系"水稻高产新品种，进行"集团栽培"提高收成。接着，为保护新品种价格，政府还给予财政补贴，同时支持农民种植经济作物，以优化农业结构。再次，各村都有自己的农民会馆，以便进行技术交流，最终实现了提高产量、增加经济收入的目标。最后，韩国政府成立农协组织，能够有效地为农民提供知识、技能的培训，帮助农户解决市场和供给等问题，保护农户权益[6]。

3. 大力发展乡村教育，培养多元人才

数据表明，在1965—2001年期间，韩国教育经费占国民经济支出的比例每年都在递增[7]。乡村教育初期侧重于对核心骨干人员的教育[8]，后来范围逐步扩大，设立了骨干农民班、新村指导员班和中坚公务员班等众多教育培训班，以提供乡村振兴知识和技能的培训。韩国的乡村教育既培养了基层的领导者，也培养了现代农民；一方面提升了新村运动的管理水平，另一方面改变了农民的思想观念，促进了新村运动的发展。韩国成立了准部级的农业振兴厅，包括国家农林部科技教育局、农业科学院和农民教育中心等，发挥"技术智库"作用。

4. 政府治理和民间自治相结合，调动农民的积极性

在新村运动早期，韩国是采用政府主导的形式，在新村运动后期，政府大量开设研究院，为政府主导向民间主导的转变打下了良好的基础。政府一直是新村运动的倡导者和服务者，民间则是循序渐进的跟进者和投入者。

（三）德国：以"联邦乡村发展计划"重振乡村生活

作为西方工业大国、欧洲第一大经济体的德国，其乡村面积非常广阔，50%以上的国土面积用于农业生产，50%的人口生活在乡村，乡村和城市并非对立，而是互相依存。但是，乡村地区不仅有农业，还有中小型制造企业、服务型企业和手工业作坊，是德国发展新能源和技术研发的重要空间，也是德国人理想的天然疗养场所。德国有28.5万家农业企业，包括家庭农场，每年农产品产值达500亿欧元。德国联邦食品和农业部（简称德国农业部）的核心任务之一，就是加强乡村地区建设，促进城镇和乡村的生活条件平等。2015年起，德国农业部开始实施"联邦乡村发展计划"，以调动各方面的力量，全方位地促进乡村地区发展，使其更具吸引力、更宜居，主要包含四大类政策措施：

1. 建立实施模式和示范项目

德国农业部在全国范围对创新性的现代乡村发展示范项目进行遴选，并给予扶持。例如，"500乡村倡议"计划，旨在促进乡村地区的难民融入，每个示范项目可获得1万欧元的资金支持；"数字乡村"计划，旨在通过扶持基层乡村的数字化创新应用项目，通过数字化及技术应用来改善乡村的生产生活；"乡村文化"计划，通过扶持基层乡村文化项目，特别是新文化形式，为乡村文化生活注入新活力，以增强德国乡村文化的吸引力；乡村"多功能房屋"计划，即乡村公共商业综合体，将诊所、政府办公室、邮局、银行、商店、图书馆、咖啡馆等聚集在一起，成为服务当地乡村需求的聚会场所。

2. 打造"乡村振兴"示范区

在"乡村振兴"的子计划里，德国农业部在全国选择了13个底子较差的乡村，进行针对性的扶持。这些乡村可以获得独立的地方预算，用于实现"乡村振兴"的目标。在科学方法指导下，这些乡村执行具体的振兴项目，激励当地居民积极应对人口老龄化问题，提高了地区的产品附加值，并增加了很多就业机会。

3. 开展主题丰富的乡村竞赛

从1961年起，德国政府开始举办"我们的乡村应该更加美丽"的全国性竞赛，后更名为"我们乡村有未来"。这个竞赛现每3年举办1次，是联邦乡村发展计划的组成部分。德国政府通过对乡村的评比、表彰和激励等，促进了德国各地交流先进乡村发展经验，也为政策改进指引了方向。例如，德国政府通过在竞赛中设立特别奖，以激励乡村科学地应对人口老龄化问题；举办"简洁结实的乡村"竞赛，居民不超过3 000人的乡村均可参赛；乡村进行评比和奖励的重点，是建筑物和土地创造性的重建和再利用、在乡村核心区建设公共社区、可持续发展和生态保护等方面。

4. 组织多元主体参与的对话会

公众参与是德国乡村振兴的典型做法。在政府的带动下，村民不仅有权参与有关乡村发展的整个规划过程，还可以通过讲座、研讨会等方式与专业机构进行充分的互动，因此村民参与乡村振兴的积极性得到了激发。规划方案立足当前、着眼未来，综合考虑乡村经济发展、生态环境保护、人文环境建设，多个因素相得益彰。这样的发展措施深入人心，充分调动了村民的积极性，促使乡村的发展状况很快发生了改变。在"区域联合-共同强大"口号的指导下，2017年德国农业部组织了4场"未来工厂"对话会，参加人员包括乡村居民、企业、市政当局和行业协会代表等，共同探讨了如何将乡村建设得更加充满活力、更加可持续。

（四）澳大利亚：以"社区自助"构建乡村社区文化共同体

澳大利亚的乡村振兴，不仅致力于改善农业现状，而且综合考虑经济、社会、文化等领域，以实现乡村社区可持续和综合发展。

1. 社区共同体的塑造，社区多元主体的协同参与

"社区自助"是一种"上下互动"的发展新模式。这种模式更加注重"个人能力和社区责任"塑造，能够有效地调动当地农村社区的资源、农民的个人技能，以激发社区发展的内生力量。从理论层面来看，这是"上下互动"的城乡融合发展理论的精髓，通过乡村社区"内在的自助"、政府"外在的引导"、社会组织"侧面的协同"等综合作用，共同促进乡村社区振兴、城乡区域之间的平衡发展。"社区自助"的吸引力在于乡村社区的发展越来越有赖于"自下而上"的资源调动与事务决策，是从个人、团体和组织的意愿出发，而非"自上而下"政府行政力量的强加。"社区自助"可以有效激励社区内生力量，并形成"上下互动"的合作治理格局。

2. 通过协同供给方式，解决农村偏远地区教育问题

澳大利亚通过"政府引导—社区参与—非政府组织协同"模式，逐步缓解农村偏远地区的教育危机，包括教育不公平、教师流失、教学能力弱、农村教师就业意愿低等问题[9]。

（1）政府引导：多样化的教育方式与补贴政策

尽管澳大利亚的城市化水平达89%以上，但农村偏远地区的教育依然存在严重危机，特别在西澳大利亚州地区，有超过3%的学生在交通不便、现代化程度低的乡村学校就读，部分土著居民的学生甚至没有达到科目考核的最低要求。面对这一困境，20世纪70年代，澳大利亚政府出台了相应的教育支持政策，以改善农村偏远地区的教育状况。比如，1972年制定了"劣势学校计划"，旨在通过联邦政府的资金资助，以支持偏远落后地区的学生高质量地完成学业。

（2）精英保留："乡村社区本位"的教师孕育模式

乡村教育振兴的关键，是如何招募和留住教师精英。为避免乡村教师精英的流失，澳大利亚政府开展了一系列"培育教师精英"项目等改革，希望通过建立"教师精神与农村认同"等价值理念，让教师自愿留在农村，并持续为农村教育提供服务。"为农村准备教师"项目，旨在通过课程准备、专业实习、任教农村

3个环节，使得教师精英群体提高对偏远农村的认同感，增强服务农村的意愿和信心，树立正确的教育观。"为澳大利亚而教"项目，是基于乡村地区"师资岗位需求"的教师培养模式，充分考虑了农村偏远地区的"地方性知识"，实现了"农村偏远地区—大学—教师—社会"多方的共赢。

（3）协同支持：社区与非政府组织的合作参与

澳大利亚政府出台了诸多的利好支持政策，以期解决在农村偏远地区的教育问题，但目前还不足以解决农村偏远地区教育不公等问题。社区和非政府组织的协同参与，成了澳大利亚农村偏远地区教育完善的重要补充力量。一方面，通过非政府组织援助提高教育质量；另一方面，吸纳社区志愿力量以支持乡村办学。

3. 加强职业培训，培育乡村的农业专业人才

培育社区能人成为澳大利亚乡村复兴的中坚力量是一项重要举措。在传统农耕文化中，是通过"父传子"的方式进行耕作经验传递，农业资源没能充分发挥效益。改变这种状态的方法，就是加强农民"职业培训"。"职业培训"这项工程主要通过行业推动，由相关大学和职业学校共同完成，以提升农民的作业能力为目标，每隔一定时间举行培训，使农民都成为具有一技之长的专业人才，使农产品的质量、规模化生产水平都得到有效提升。这项工程需要政府较大的投入，但给农业发展带来的收益非常高，也使得农村面貌从整体上得到改变。

二、国内案例借鉴

（一）全国：EOD模式试点项目实现生态修复与经济发展融合

美国学者霍纳蔡夫斯基（Honachefsky）在1999年最早提出EOD（Ecology-Oriented Development）模式，即生态环境导向的开发模式，他认为将土地经济价值置于生态价值之上，是导致美国城市的无序蔓延及其对生态环境破坏的主要原因，应在土地开发利用中综合考虑区域生态价值和服务功能。EOD模式的核心理念是，将生态环境保护带来的外部经济价值内部化。

2020年9月16日，生态环境部办公厅、国家发展改革委办公厅、国家开发银行办公厅联合印发了《关于推荐生态环境导向的开发模式试点项目的通知》，开启EOD模式试点工作，明确"探索政府债券、政府投资基金、政府与社会资本合作（PPP）、组建投资运营公司、开发性金融、环保贷等多种投融资模式推进

试点项目实施"，并指出：'EOD模式是以生态文明思想为引领，以可持续发展为目标，以生态保护和环境治理为基础，以特色产业运营为支撑，以区域综合开发为载体，采取产业链延伸、联合经营、组合开发等方式，推动公益性较强、收益性差的生态环境治理项目与收益较好的关联产业有效融合，统筹推进，一体化实施，将生态环境治理带来的经济价值内部化，是一种创新性的项目组织实施方式。"

截至2022年，生态环境部办公厅已经向金融机构推送了两批共118个EOD模式试点项目入库，总投资额为6 721.2亿元，融资需求为4 520.4亿元。对我国EOD模式试点项目的实践案例进行分析，总结出政府主导、一体开发、市场运作、多方投入、因地制宜、特色发展的试点经验，主要包含3种类型[10]：

1. 生态整治修复和现代农业、旅游业融合

以生态整治提升工程为核心，以森林品质提升、沉域的水环境综合治理等为目标，打造具有良好山水林田湖草的生态环境，为现代农业、旅游业等发展奠定基础，构建出"大生态、大农业、大旅游"等产业组合发展的投融资模式，实现"治理投入+产业反哺"收益的动态平衡。

案例：中国（耒阳）油茶博览园

耒阳市是"中国名特优经济林—油茶之乡"，油茶栽培历史有2 300多年。油茶产业成为耒阳市经济转型发展的三大支柱产业之一，"耒阳油茶"获得国家地理标志证明商标。中国（耒阳）油茶博览园EOD模式试点项目，位于耒阳中心城区以北，包括油茶基地和油茶博览园。其中，生态整治修复项目主要包括种植业面源污染治理，产业开发项目主要包括核心产业园区、油茶精深加工区、油茶博览区、油茶小镇示范区、旅游观光区。在试点项目中，生态整治修复与产业开发投资比例约为1∶4。本项目收益主要为油茶销售、特色农产品销售、博览区场馆租金、旅游观光门票等，项目的投资税后财务内部收益率为12.96%，税后投资回收期为12.7年。

2. 矿山治理修复和资源综合利用产业融合

这类项目以历史遗留矿山、废弃工矿场地等生态环境治理为核心，实现生态修复、环境提升和流域治理达标等目标，然后在矿山及周边进行综合开发，达到整体投入与产出的平衡。前期投入包括矿山修复、土地整治、配套产业园设施改造更新等，后期的资金回流主要依靠关联的自然资源综合利用、土地使用权转让升值、循环经济产业园经营、厂房销售租赁、特色矿山公园运营等收入。

案例：湘西州花垣县十八洞紫霞湖美乡村振兴

湘西州花垣县十八洞紫霞湖美乡村振兴EOD模式试点项目，空间范围包括十八洞景区、空港新区—麻栗场片区、三产融合园片区、古苗河大峡谷景区、花垣龙潭矿场等，面积约70平方千米，目标定位是"全国脱贫地区乡村振兴示范区""大湘西三产融合发展先行区"。其中，生态整治修复项目包括矿场的污染综合整治、兄弟河流域的水生态环境保护、尾矿库闭库及环境综合整治，产业开发项目包括十八洞景区、空港新区—麻栗场片区、三产融合园片区、古苗河大峡谷景区、花垣龙潭矿场生态治理新型产业片区。

3. 市政设施综合整治和关联特色产业融合

这类项目成为EOD模式试点项目的前提，是关注子项目之间的有效融合，并确保由同一个市场主体实施。其中，以统筹大气、水、固体废物、土壤生态环境综合治理为核心投入，实施生活污泥再利用、盐碱地改良示范、土壤土质改良、污水处理、供水工程、垃圾填埋、垃圾焚烧发电、水库改造、工业燃气集中制气等系列项目，并统筹发展特色产业等关联项目，通过延长产业链、开拓市场、引入人才等措施，实现区域整体的增值。在这类项目实施的过程中，主要通过政府加大支持力度，以充分激活社会资本，加大对生态农业、特色产业（如菌草、棉花、药材等）、生态环保产业、医疗康养产业等关联产业的投入力度，从而获得项目收入。

案例：广西桂平市农村人居环境整治与乡村振兴产业融合发展

广西桂平市农村环境治理与产业融合发展项目入选国家第二批EOD模式试点项目名单，总投资约19.98亿元，包括农村污水处理、农业废弃物资源化利用、宾州镇湿地工程3个生态整治修复项目，以及城乡供水一体化供水网及配套工程、农业一二三产业的融合发展示范园区、古辣稻花香里旅游区（国家AAAA级旅游景区）提升工程3个产业开发项目，以实现农村生产、生活、生态的"三生同步""三产融合"，农业文化旅游"三位一体"，打造集"现代农业、田园社区、生态人居示范、科技示范、研学旅游"于一体的国家级农村产业融合发展示范园区、基于EOD模式的乡村振兴发展样板。

（二）浙江：以"千万工程"实现城乡融合发展

由于浙江省长期过分注重经济建设，忽视环境建设，尤其是农村基础设施建设滞后，导致广大农村居民的生活环境出现脏、乱、差等问题。浙江省2003

年启动实施"千村示范、万村整治"人居环境建设工程（以下简称为"千万工程"）。随后浙江"千万工程"不断创新升级，已从2.0版本升级到4.0版本。目前该工程已不再是单纯的农村环境整治，而是农村基础设施建设、城乡基本公共服务均等化、"两山"理论转化、乡村产业发展、乡村治理等内容的综合体现，推动了美丽环境—美丽经济—美好生活—美丽环境的良性循环。"千万工程"深刻改变了浙江省乡村的生产布局、发展方式和生态环境质量，2018年9月获联合国"2018地球卫士奖"中的"行动与激励奖"。浙江省自实施"千万工程"以来，实现了城乡"无缝对接"，得到了"农村是城市的后花园，城市是农村的CBD"的美誉，美丽乡村建设正走向全域规划、全域提升。

1. 注重乡村一二三产业的融合发展

美丽乡村建设既依托于产业发展，又服务于乡村旅游。以依托大都市、服务大都市的美丽乡村建设为基础，推进农旅融合发展、打造全产业链；以"三规合一"为引领，将乡村规划、产业规划、旅游规划等融为一体，坚持差异化定位、特色化布局、市场化导向，采取了"公司+村+家庭农场"模式，设计以花卉、蔬菜、水果、中草药、木艺等为主题的家庭农场，全力打造全国家庭农场集聚区和示范区。同时，打造农业特色小镇——稻香小镇，通过农业科普教育基地、水稻加工中心、智能控制中心等载体，展示和弘扬中华农耕文化和现代农耕技术。

2. 建设农村文化礼堂，成为乡村文化建设"浙江模式"

乡村文化建设是新时代乡村振兴战略的"灵魂工程"。农村文化礼堂是浙江省委、省政府根据全省广大农民日益增长的精神文化需求、农村文化发展实际，于2011年开始在杭州市临安区试点，并于2013年开始在全省范围内逐步实施的重要农村文化建设工程[11]。浙江省农村文化礼堂以教育教化、乡风乡愁、礼仪礼节、家德家风和文化文艺为建设内容，取得了不同于以往"一事一议"、丰富农民文娱生活、提供文化服务等常规认识的文化建设综合成效[12]。

3. 推进农村土地流转，实现全域土地综合整治与生态修复

2017年以来，围绕党的十九大提出的实施乡村振兴战略，浙江美丽乡村建设成效显著，但农村用地仍然存在很多问题，包括用地结构散乱、土地利用粗放、土地产出相对低、缺乏完善的农村土地管理政策体系等。在深入调研的基础上，浙江省提出实施全域土地综合整治与生态修复，以充分发挥土地在农业农村发展中的基础性、引导性和控制性作用，实现土地整治从单一目标向规划管控和空间治理的转变，促进土地要素在城乡之间高效配置，打通绿水青山转变为金山银山

的通道，盘活土地资源，助推乡村振兴。2018年8月，浙江省人民政府办公厅印发了《浙江省人民政府办公厅关于实施全域土地综合整治与生态修复工程的意见》，按照山水林田湖草系统治理的理念，以整乡整村为对象，进行全域规划、全域设计、全域整治，对田水林路村进行全要素综合整治，形成农田集中连片、建设用地集中集聚、空间形态集约高效的美丽国土新格局。

4. 推动"新乡贤"参与的乡村治理新格局

浙江对乡贤的认识和实践基础好，因此起步早、起点高、发展快、成效好。2001年1月6日，绍兴市上虞区成立了全国第一个以"乡贤"命名的"上虞乡贤研究会"。20多年来，全省各地的乡贤会、乡贤馆、乡贤工作室等迅速发展壮大。海内外乡贤纷纷以各种形式回乡投资、回报桑梓，成为浙江助力乡村振兴和共同富裕的重要力量，成为浙江省率先提出自治、法治、德治"三治融合"治理体系的重要基础，成为创新发展新时代"枫桥经验"的重要内容，成为促进农业农村工作和农民收入水平一直居全国前列的重要"基因密码"[13]。

（三）四川："文旅+"打造真正的诗意乡村

四川具有坚实的农业产业基础，中心城市具有庞大的消费市场空间，还拥有千年都江堰灌区、天府农耕文化溯源地等独特资源优势，因此发展乡村文化旅游产业成为四川实施乡村振兴战略的重要着力点。

1. 乡村产业体系迭代升级

乡村产业体系发展方向以现代农业为主，依托现代农业，乡村产业发展水平显著提升。一是农业产品结构持续优化，突出绿色、优质、高端的农产品供给导向，重点发展精致型农业和品牌农业。二是农业的现代化水平不断提高。三是农村的六次产业融合发展迅速，农业与旅游、文创、会展、电商、康养等融合发展，形成新产业新业态。四是科技支撑夯实有力。五是农业发展的空间载体不断完善，以产业功能区和园区为空间载体，以点带面加快促进都市现代农业发展。

2. 实施乡村聚落文化的活化工程

乡村是中国传统文化的源头和重要展示空间，将乡村传统文化转化为游客可参与体验的文化活动，通过这一重要桥梁将乡村文化和游客连接起来。村民是乡村的主人，是乡村文化活态传承的核心。因此，对于乡村的文化空间载体，以文化活动为内容，以村民参与为驱动，以文创赋能为延伸，提升乡村旅游价值链，是实现资源转化为产品生产系统的重要路径[14]。具体包括生活美学引领乡村文化场景打造，多元包容创新乡村文化活动内容，新老杜民共建乡村文化传承平台等手段[15]。

3. 实施乡村产业集群创新转化工程

乡村旅游也应遵循全域旅游的理念，以盘活、融合为手段，以"三农"资源资产为载体，运用文化力和创新力进行赋能，实现人文、科技、生态三者集成创新，以产业融合的视角找准地方文化创意点，用文创的理念、文旅的场景、社区营造的方法，创造流量。采用"文旅+农业"延伸乡村产业链，采用"文旅+研学"创新教育新形式，采用"文旅+康养"开辟健康新道路，采用"文旅+艺术"打造创意新体验，推动乡村文旅与农业、研学、康养、艺术等多业态融合发展，开发摄影旅游、影视旅游、研学旅游、康养旅游、采风旅游等文化旅游新业态，促进旅游在产业链、服务链和体验链等方面进行延伸和拓展，为消费者提供全域、全时、全业态的乡村文旅新体验。推动乡村的全域景区化、景观化改造，建设郊野公园、大地景观和绿道网络，顺应"产田相融、城乡相融、城乡一体"的城乡形态新趋势，使乡村真正成为高品质的生活场景和新经济的消费场景。

4. 实施乡村数字赋能营销推广工程

在数字赋能文旅产业发展的新形势下，乡村文旅产品的宣传推广也应选择新媒体营销平台，通过精心制作营销内容、多元创新营销方式，满足数字化时代旅游者的信息接受需求，通过"智慧乡村计划""乡村云游计划""乡村云直播计划""乡村网红品牌计划"等数字赋能宣介项目，在竞争日益激烈的文旅市场成功打造四川乡村旅游目的地的IP。

（徐永坚　宋云）

第四章　基于生态文明的乡村振兴策略

2005年8月，时任浙江省委书记的习近平在浙江省安吉县余村首次明确提出"绿水青山就是金山银山"的科学论断。2013年9月，习近平总书记在哈萨克斯坦纳扎尔巴耶夫大学发表演讲并回答学生们提出的问题，在谈到环境保护问题时他明确指出："我们既要绿水青山，也要金山银山。宁要绿水青山，不要金山银山，而且绿水青山就是金山银山。"2015年9月21日，中共中央、国务院印发了《生态文明体制改革总体方案》，明确提出要"树立绿水青山就是金山银山的理念"。2017年，"绿水青山就是金山银山"这一重要论断被载入中共十九大报告及新党章，成为我国生态文明建设的指导思想。这一科学论断阐明了经济发展与生态环境保护的关系，揭示了保护生态环境就是保护生产力、改善生态环境就是发展生产力的道理，指明了实现发展和保护协同共生的新路径。中共十九大把生态文明思想作为习近平新时代中国特色社会主义思想的重要组成部分，要求牢固树立社会主义生态文明观，树立和践行绿水青山就是金山银山的理念，部署了推进绿色发展、着力解决突出环境问题、加大生态系统保护力度、改革生态环境监管体制等四大任务。

一、践行"两山"理论，实现乡村生态价值转化

基于生态文明背景提出的乡村振兴战略，必须坚持以习近平生态文明思想、"两山"理论为科学指引和根本准则，加快推进农业农村现代化，完善乡村治理体系，打造人与自然和谐共生发展新格局。

乡村是绿水青山的集聚地，是践行"两山"理论的重要载体。"两山"理论的内在逻辑对乡村振兴具有重要指导价值。保护好"绿水青山"就是守护了乡村经济发展的最大资源优势，守住了自然生态环境的安全边界，就会持续给人们创造"金山银山"。"两山"理论充分认识到了保护绿水青山的真正价值，能不断加大包括农民在内的社会各界对生态环境的保护力度，推动乡村生态资源的价值变现，促进"绿水青山"与"金山银山"的良性循环，让广大农民重拾对保护绿

色生态的坚定自信，是实施乡村振兴战略的根本指导和基本遵循。

乡村生态产品价值转化，是践行"两山"理论的重要途径。乡村兼具生产、生活、生态、文化等多重功能，乡村的生态资源具有"公共属性，价值难以量化"的特征，因此乡村生态资源价值主要通过形成产业链和延伸价值链实现。生态产品价值实现的过程本质上是"资源—资产—资本—产品"的转化过程。生态产品价值转化的过程就是将生态产品所蕴含的内在价值转化为经济效益、社会效益和生态效益的过程。建立健全生态产品价值实现机制，是贯彻落实习近平生态文明思想的重要举措，是践行绿水青山就是金山银山理念的关键路径，是从源头上推动生态环境领域国家治理体系和治理能力现代化的必然要求。

二、五大策略

（一）推动农业可持续发展，加快智慧、品牌农业发展

在生态文明背景下，我国的农业产业发展应将传统农业生态因素与现代科技有机结合，注重发展现代化农业，提高农业市场竞争力，加快农业体制机制创新，实现农业可持续发展，为乡村振兴提供内生动力。

1. 农业生态化发展，建设农业生态文明

以绿色为主旋律的农业生态化发展是农业的前途命运所在，也是建设农业生态文明的必然选择。同时，我国传统生态农业还承载着传承中华优秀传统文化的特殊功能，建设农业生态文明对于中华文明的传承和发扬具有重要的意义。在提高人们的生态意识和文明素质的基础上，运用高新科技，积极改善人与自然的关系、人与社会的关系、人与人的关系。鼓励农民减少农药使用，提高农家肥、秸秆资源化利用率，积极发展有机农业。

2. 培育适度规模的家庭农场，发展庭院经济

借鉴国外发展家庭农场的经验，结合我国的基本国情及我国家庭农场的发展阶段，提出政策建议，以期为实现家庭农场健康发展提供基础支撑和良好环境。政策建议具体包括：确定土地权属关系，加快土地流转步伐，为发展家庭农场解决"土地"的问题；构建新型家庭农场经营主体培育机制，为发展家庭农场解决"人才"的问题；加强家庭农场金融扶持政策创新，为发展家庭农场解决"资金"的问题；加快完善新型农业社会化服务体系，为发展家庭农场解决"服务"

滞后的问题；因地制宜，发展适度规模的家庭农场，避免"一刀切"等问题。

3. 推进农业标准化建设，打造中国特色的"品牌农业"

重视农产品质量标准认证和严格的质量监管，保障农产品质量，为农产品品牌建设提供有力的品质支撑。增加农业科研投入，通过农业科技创新，开发新产品，满足消费者不断变化的需求。鼓励农产品的品牌差异化发展，拓展农产品销售途径，加大销售力度，明确农产品销售的市场定位，积极拓展农产品的线上销售方式，扩大品牌影响力。

（二）推进EOD项目建设，实现生态修复与产业融合发展

要实现乡村生态资源价值转化，首先要保护生态资源，实现生态资源资本化，同时通过产业叠加，形成产业链，延伸价值链。

1. 农业生态资源资本化

实施农业生态资源资本化是将自然资本与其他资本相结合，生产出生态产品，可有效盘活稀缺的农业生态资源，提高资源利用率，进而实现农业生态资源增值，缓解经济发展对生态环境的压力。在农业生态资源资本化实施过程中，必然要推动农村产权制度和其他市场机制等基础制度建设，为农业经济的加快发展创造有利的市场环境。在市场经济体系下，充分挖掘农业生态资源的庞大财富，促使农村市场要素从资源、资产向资本转变，从而破解我国农村市场化发展的各类难题。通过制度保障不同农业经营投资主体的产权和投资收益，推动农业生产经营要素在市场机制下实现有效的流动和组合，缓解农业经济发展所面临的资源匮乏问题，最终实现农业生态资源价值最大化。

2. 农业生态资本运营

农业生态资本运营不仅可以促进绿色农业发展，确保区域农业生态资本的保值增值，还可以提高农民收入水平，实现经济发展与生态保护的有机统一。要实现农业生态资本运营，则需要明确运营的主体要素、需要遵循的原则、所要达到的目的、实现的途径与步骤等，构建比较系统的农业生态资本运营的理论框架。一方面是农业生态资本的产品化和市场化，通过发明新的生态技术，不断发现新的生态资源型生产要素，将其与其他生产要素相结合，生产出能满足人们绿色消费需求的新型生态产品，提供优质、安全、多样化的生态服务，实现降低产品生产成本、增加产品附加值、提高产品生态品位、维持较高收益率的目的。另一方面是需进一步扶持农业企业发展，为农业企业提供良好的融资筹资服务，提高农

业企业市场竞争力，地方政府可主动为农业企业提供技术支持和人员支持，优化农业生态资本运营流程，降低农业企业经营成本，吸引更多社会资本参与农业产业投资。

3. 农村的多功能转型与产业链延伸

农村、城郊地区天然的生态环境、适度的建设和完善的配套设施，使其成为适宜养老的地方；通过完善医养设施，促进农村房屋租赁市场规范化，农村将有可能成为主要的养老场所；老年人拥有丰富的生活经验和智慧，尤其是退休公职人员在农村养老的同时，可以为当地提供政策应用、技术咨询等支持，并在基层党建等方面发挥好的引领作用，为社会继续发光发热。同时，将集中在城市的教育、文化资源引入农村地区，让农村地区也能分配到优质教育教学资源，使幼儿、学生在农村就能获得良好的教育。随着养老托幼产业在农村地区的发展，原村民回归，新村民进驻落户，将更有效地疏解城市人口，缩小城乡差距，使城乡融合发展。驻村工业企业以绿色发展理念为指导，以节能减排为抓手，大力发展循环经济，促进传统产业转型升级，以低能耗、高效益的环境友好型工业企业为发展目标。

（三）加强乡村文化保护，提升乡村文明水平

乡村振兴要保护和传承乡村优秀传统文化遗产、展现地域文化，让乡村地区充满浓厚的文化氛围，增强村民的认同感和归属感。尊重村民的意愿，通过乡村改造提升村民的生活品质，激发乡村发展的动力。

挖掘乡村的历史文化，发挥村民的主体作用。以村民为核心，发挥乡村精英、村干部、基层管理者等多元主体的作用，深入挖掘、传承和保护利用传统村落中蕴含的农耕文化、商业文明、淳朴民风等地域文化资源，增强村民的文化认同感和地方归属感；调动村民的积极性，为保护乡村文化贡献自己的力量。乡村文化治理的核心问题在于促进农村居民和村集体发挥主人翁精神和主体作用。

渐进式保护更新，促进乡村风貌传承和新旧融合。不同乡村在改造更新的过程中，不仅要注重文化遗产、乡村风貌、乡村记忆的保护，还要在此基础上融入现代生活元素，通过渐进式的更新方式促进新旧空间的融合，满足原住民对文化生活和现代功能的需求。充分利用当地的材料和工艺进行农村有机更新，并注重传统工艺的应用，对生活条件和生产空间进行全面提升，增强乡村的文化自信。

通过艺术乡建，推动乡村文化复兴。将艺术引入乡村实践，重新探索城乡建

设与社区营造的各种可能性，以此实现对文明传统的追索及对当下社会的修复。借助艺术形态重建人与人、人与自然、人与精神世界的关联。通过艺术乡建，让年轻人觉得在艺术化后的乡村生活，比在城市生活更有意思，以吸引更多城里的年轻人回到乡村，实现人才振兴。同时，通过举办大地艺术节、乡村文化展览等活动，提升本地居民的自信和自豪感。

（四）开展全域土地综合整治，促进城乡融合发展

全域土地综合整治是指在国土空间规划的引领下，运用现代化的理念和手段，在特定区域通过全域全要素设计、一体化实施的治理活动，充分挖掘资源利用潜力、优化空间布局、保护和恢复自然生态格局、促进乡村全面振兴。全域土地综合整治是新时期实施生态文明建设、乡村振兴战略的重要路径。

通过全域土地综合整治，促进耕地保护与生态修复。近年来，随着我国城镇化和工业化进程的快速推进，土地供需矛盾显现，广大乡村地区耕地分布零散、空间布局无序、土地资源利用低效、生态环境质量退化等问题也日益凸显，仅仅依靠传统的土地整治模式已难以解决当前乡村发展的各类问题。通过全域土地综合整治，不仅能促进耕地保护和节约集约用地，还能改善农村生态环境。

通过全域、全要素整治，优化国土空间格局。新发展阶段，必须坚持新发展理念，实施国土空间全域、全要素、系统性治理，统筹山水林田湖草沙等资源，优化农村生活、生产、生态空间布局，形成"农田集中连片、建设用地集中集聚、空间形态集约高效的美丽国土新格局"，为农业农村提供发展空间，提高绿水青山的"颜值"、金山银山的"价值"，助力乡村振兴和高质量发展。

（五）加强公众参与，促进乡村治理现代化

坚持党的领导与自治、法治、德治有机统一，发挥头雁作用。要把党的领导贯彻到基层社会治理全过程，行政治理与居民自治、法治与德治相结合，让党的基层组织在基层社会治理中发挥引领带动作用，提高党的政治领导力、思想引领力、群众组织力、社会号召力，实现"党的领导有力量、社会治理有成效、人民群众有收获"的目标。

积极发挥新乡贤作用，促进乡村治理现代化。乡贤作为乡村治理的重要参与主体，能够在乡村振兴过程中大有作为，其重要功能之一就是通过推动乡村共同体的打造，解决乡村建设中组织涣散、干群疏离、人才外流等诸多问题。乡贤对

振兴共同体的作用，主要体现在四大方面。一是联系"两委"，畅通对话渠道；二是动员村民、凸显公共精神；三是联系政府，获取资源支持；四是引进产业，激活外生动力。

通过参与式规划共同缔造，激发村民参与的内生动力。"美好环境与和谐社会共同缔造"是参与式规划实践，旨在促进美好环境与和谐社会的共同发展。共同缔造以群众参与为核心，以政府、规划师与群众为主要参与主体，推进乡村规划与建设活动。共同缔造的基础在乡村，即以乡村为平台，从空间的使用者的需求出发，建设民生工程；对承载社会各群体利益的空间资源进行合理的分配，发动群众共同参与乡村公共事务，增强其认同感、归属感。

（徐永坚　宋云）

第五章 广东实施乡村振兴战略路径

一、总体目标与重点任务

（一）总体目标

坚持以习近平新时代中国特色社会主义思想为指导，全面贯彻党的二十大精神，坚持农业农村优先发展，把乡村建设摆在社会主义现代化建设的重要位置，顺应农民群众对美好生活的向往，围绕推进"百县千镇万村高质量发展工程"，坚持党建引领，规划先行，集中资源要素，动员各方力量，加强农村基础设施和公共服务体系建设，发展农村产业体系，建立自下而上、村民自治、农民参与的实施机制，努力让农村具备更好的生产生活条件，让广大农民过上现代文明生活，为广东在推进中国式现代化建设中走在前列提供有力支撑。

到2025年，全省乡村建设取得显著成效，农村人居环境显著改善，县域内城乡基础设施一体化和基本公共服务均等化水平显著提升，农村精神文明建设显著加强，着力建设具有中国气派、广东特色、岭南风格的宜居宜业和美乡村，珠三角地区行政村全部达到美丽宜居标准，沿海经济带和北部生态发展区80%以上的行政村达到美丽宜居标准。到2035年，全省农业高质高效、乡村宜居宜业、农民富裕富足目标总体实现，乡村基本实现现代化。到2050年，乡村全面振兴，农业强、农村美、农民富全面实现。

（二）重点任务

广东长期存在区域发展不平衡、城乡二元结构等问题。乡村是生态涵养的主体区，生态是乡村最大的发展优势，因此高质量推动广东乡村振兴工作，需要处理好生态保护与经济发展的融合、城市与乡村的服务水平均等化、不同区域和城乡之间的差异化发展3个关系，实现城乡融合发展。

1. 实现生态保护与经济发展的融合

由于人们对休闲活动日益增长的需求，生态资源将成为稀缺性资源。以往单一保护生态的做法，难以真正实现生态资源的长久保护和永续利用，因此生态保护理念亟须转变。充分挖掘生态资源在经济发展、社会文化、科学教育和休闲旅游等方面的价值，变消极保护为积极保护。同时，产业纵向提升和横向扩展同步展开，加快产业转型升级，最终实现城乡经济均衡化发展。

2. 实现城市与乡村服务水平均等化

进入公共交通时代后，大运量快速公交成为主要出行方式，城乡建设逐渐向交通枢纽地区集中。居住社区被大面积的生态地区和农业地区包围，城市、乡村边界逐渐模糊。生态基础设施、农村基础设施和新型基础设施呈网络化发展，城乡服务逐渐均等化，城乡差异逐渐消失。

3. 实现不同区域、城乡之间的差异化发展

珠三角与粤东西北地区的自然地理条件、人地关系、文化特征具有较大差异，乡村振兴路径应该面向未来，更应该根植于现状，因此各区域差异化发展就是区域一体化的必然趋势。同时，城市与乡村的风貌特色、生活氛围、文化底蕴差别很大，城市像城市，乡村更像乡村，才会更加提升乡村的独特魅力，进一步吸引城乡生产要素向乡村流动，实现乡村内生发展的良性循环。

二、分区域城乡协调发展路径

珠三角地区城镇化水平高，经济规模大，农业在国民经济中的占比较低，但是人口密集，资源环境压力大。随着城镇化进程持续推进，传统乡村布局呈现碎片化、孤岛化，生产生活环境持续恶化，集体经济组织生产经营能力没有与时俱进，乡村人口就业创业渠道单一，长期的高速增收机制难以为继。粤东西北地区农业现代化任务重，生态发展又生态环境优越，财政转移帮扶力度较大，工业化、城镇化水平较低，农业在国民经济中占比较高，常住人口外流严重，户籍人口与外来人口数量倒挂问题比较突出，本地就业岗位不足，非就业人口占比偏高，乡村振兴的产业基础极为薄弱。广东省区域经济发展不平衡不充分问题的症结在粤东西北农村地区，主要任务是实现这些地区的乡村振兴。因此，广东乡村振兴总体路径需要加强资源要素流通，针对粤东西北地区，建立农村低收入人口和欠发达地区帮扶机制，保持财政投入力度总体稳定，持续推进脱贫地区发展。

（一）缩小城乡差距，加强基础设施均等化建设

1. 修复生态基础设施，提升人居环境品质

为保护和改善区域生态环境，基于广东的自然生态格局和城乡发展状况，以山脉、水系为骨干，以山、林、江、海为要素，构建区域生态基础设施框架，并以此为基础，组合、串联各类自然生态资源和绿色开敞空间，形成多层次、多功能、立体化、复合型、网络式的区域生态支持系统。

2. 完善农村基础设施，提升乡村生活水平

采取共同缔造的建设机制，逐步引导村民通过共谋、共建的方式，与村两委共同决定村庄需要的服务设施种类和其应安置的位置，有针对性地解决村民的问题。首先解决村民最为关心，同时也是最制约乡村发展的公共环境和户厕污水问题。其次要逐步完善道路交通、机耕道和产业路建设，进一步加强灌溉水渠修建，为农村产业发展打造基础条件。再者加强农村消防设施建设，确保群众生命财产安全。最后进行农村水、电、通信等设施优化增强，为农村旅游和电商发展创造条件。

3. 建设新型基础设施，助力数字和科技赋能

加大新型基础设施建设力度，包括5G基建、特高压、城际高速铁路和城际轨道、新能源汽车充电桩、大数据中心、人工智能和工业互联网等。同时，通过大力推广"互联网+"建设，发展新形式的电商和网购、网销等系列活动，加快建立健全适应农产品电商发展的标准体系，支持农产品电商平台和乡村电商服务站点建设，通过逐步建设更好的营商环境，落实转型升级，把一些具备条件的产业园区发展为电商产业园区，以促进区域经济更好地互动发展。

（二）促进要素流动，畅通城乡生产要素的通道

推动资本、人才、土地等要素在城乡之间、珠三角与粤东西北地区之间的流动和平等交换，激活乡村振兴内生动力，促进城市和乡村融合发展。

1. 促进乡村多功能发展，推动城乡产业深度融合

促进农业的现代化发展。依托各区域的资源优势，发展特色农业，以科技赋能、数字赋能等手段，发展高效农业，并向农产品加工、冷链运输等方向发展，延伸农业产业链，提升农产品的附加值。

促进一二三产业的融合。一、二、三产业的融合不仅仅是加法，还应该是乘

法，互相配合，发展效益更高。结合村情，由村民共同决策谋划产业发展，实现经济发展带动乡村振兴。做好产业发展规划，通过招商引资，大力发展农村产业，加强产销对接，确保能生产、能销售、有收入，并向"文旅+"方向拓展。

2. 通过制度和平台建设，吸引人才流向乡村

乡村短缺的各种资源要素之中，缺乏人才是突出的掣肘因素之一。因此，人才振兴是乡村振兴的核心关键。

着力搭建平台载体，形成产学研技术智库。积极"筑巢引凤"，推动欠发达地区建设人才实训基地、职业技术院校、科研分支机构和创新实践基地。鼓励社会力量通过独资、合资、合作等方式到粤东西北地区开展职业教育，每个地市建成1所基层卫生人员实训基地、1所教师发展中心和1所职业技能培训基地。鼓励粤东西北地区各市建设各具特色的人才驿站，开展农业科技特派员"千村大对接"行动，紧密对接当地企事业单位，结合乡村发展需求，柔性引进科技专家人才，为乡村提供技术咨询指导、加强科研攻关、推进成果转化等服务。建立乡村振兴学院、智库机构、智库联盟等，将产学研一体化，将研究深入农民群体，提高生产力。

加强人才和技术支持，探索技术服务长效机制。引导相关规划设计单位发挥专业优势，加强对存量农房改造、新农房建设和乡村风貌提升的技术指导。深入推进"三师"专业志愿者、"大师小筑"等专业技术人才下乡服务，鼓励建立驻镇（村）设计师制度，探索建立符合乡村特点的技术服务长效机制。加强乡村建筑工匠、扶贫干部、镇村干部和建设管理人员培训，为乡村振兴工作的开展提供人才技术支撑。

通过人口管理制度改革，优化配置人力资源。逐步消除人口双向流动的户籍壁垒，鼓励热爱农村、愿意到农村发展的城镇人口向农村流动，进而使其所承载的资本、知识、信息、技术等要素协同向农村流动。全面放宽城市落户条件，完善配套政策，鼓励有能力在城镇稳定就业生活的农村人口在城市举家落户。

发展职业农民，提高农业发展效益。横向建立以农广校为主体，农业龙头企业、农业科研院所、职业院校、农民合作社等参与的"一主多元"的培训体系。纵向探索出省、市、县分级分类、分工协作的培训体系，形成上下联动、社会参与、多方发力的工作格局。按照有依托主体、有产业基础、有实训场所、有设施设备、有管理团队、有专家服务团的"六有"标准，遴选省级田间学校。培养更多乡土农业产业人才，聚天下英才而用之。

吸引知识青年。搭建高校与农村的交流平台，打造知识青年创业孵化基地。以特色产业为重点，以优质服务为抓手，鼓励返乡青年参与乡村振兴。以乡土情怀为纽带，让返乡青年记得住"乡愁"，留得住"乡土心"，增强对"乡土性"的认同感，积极构建和谐的乡村文化氛围及温暖的乡情，吸引有志青年返乡就业创业，留住返乡青年参与乡村振兴，让他们以主人翁精神参与到乡村振兴中。

3. 通过体制机制改革，吸引资本流向乡村

通过农村金融体制改革，引导资本参与农业农村现代化建设。积极构建普惠型、多元化乡村金融体系，主动发挥农业政策性银行融资优势，同时鼓励和支持村镇银行、农业保险、小额贷款公司等新型农村金融服务机构设立县域金融服务网点，为农村金融市场提供差异化、精准化的金融服务产品。适度放宽农村金融的市场准入条件，逐步开放农村金融市场，引导互联网金融、风险投资基金、产业投资基金、股权投资基金等资本参与农业农村现代化建设。

通过市场主导，吸引国企参与农业农村现代化建设。推进农村土地流转，盘活农村土地资源，通过市场主导，吸引国企参与农业农村现代化建设。以国企与村集体合作开发、合作经营的模式，形成乡村发展的持续内生动力，构建农村与资本市场共同发展的共生关系。

（三）特色化发展，制定分区域的差异化路径

粤东西北地区仅靠自身努力很难在短期内实现跨越式发展，需要借助外力推动。珠三角与粤东西北地区互补性强，具有强大的经济辐射带动能力，有利于统筹广东全省的资源力量，促进区域协调发展。通过制定差异化的发展路径，利用珠三角地区的经济发展优势，吸引资金、科技、人才向粤东西北地区流动，推动粤东西北地区农业产业现代化发展。而推进区域一体化发展也是珠三角地区加快转型升级、实现快速发展的迫切需要。

1. 制定农业规模化、现代化发展的差异化路径

按照创新发展、高效集约、绿色生态、城乡一体的理论，抓紧形成珠三角都市农业区、粤西热带农业区、北部山地生态农业区、潮汕平原精细农业区和南亚热带农业带、沿海蓝色农业带"四区两带"区域农业发展格局。

2. 促进乡村多功能演进，多元提高农民收入

走出一条适合广东发展的"农业机械技术与生物技术引领，农村一二三产业衔接，现代农业、生态农业和休闲农业融合，农村城镇化提质、农业社会化服务

完善、农业投资主体多元、农村土地承包稳定、乡村生态文明良好、食品安全得到保障、农业优质高效联动"的现代农业农村发展之路。

3. 提升村庄空间品质，实现乡村文化的复兴

积极构建村庄多元参与的组织机构，成立以村委为代表的决策机构，以村委、党员、村民为代表的监督机构，积极发挥党员的带头作用，为村民共同参与村庄文化活动起到示范作用。采用以生活美学引领乡村文化场景、多元包容创新乡村文化活动内容、新老村民共建乡村文化传承平台等手段，开展村庄传统文化展示等策划活动，举办村庄评比活动，加强村庄的文化建设。以"民风淳朴、村庄整洁、风貌秀美"为目标，建设干净整洁的乡村环境，通过修边沟、除杂草、种花带、美庭院等手段，打造美丽舒适的乡村景象。

三、分区域乡村振兴路径

基于珠三角和粤东西北地区的区位条件、资源本底、产业发展的差异，重点在农业的规模化和现代化、乡村的多功能演进和农民增收多元化、村庄空间的品质化和文化复兴等方面，提出差异化的路径（表5-1）。

表5-1　珠三角与粤东西北地区发展特点及乡村振兴路径选择

地区	发展特点	路径选择
珠三角	①工业化、城市化进程快，农业空间受到挤压；以区域居民消费为主要拉动力的区域特色农业形成规模。 ②农业科技力量雄厚，为农业发展提供新动力，并且产业配套体系较完善。 ③大量村庄被纳入城市化地区，丧失村庄原始风貌；特色乡村成为稀缺资源	①加快传统农业转型升级，发展休闲农业。 ②加快二三产业转型升级，推动农村集体经济多元发展。 ③保护珠三角传统特色乡村风貌，重塑乡村风貌，实现城乡生活空间一体化
粤东	①农业生产条件优越，精耕细作和集约经营历史悠久，是广东重要的粮食、蔬菜和水果生产基地，农业仍有发展潜力。 ②特色农产品加工，产业链较长。 ③村民团结，乡贤支持力度较大。 ④潮汕文化资源丰富	①发展地方特色农业和高效农业，提升农业规模效益。 ②推动一二三产业融合发展，延伸农业产业链。 ③加强乡村环境整治，提升潮汕文化美誉度

续表

地区	发展特点	路径选择
粤西	①热带水果种植、海产品养殖等具有规模优势；已有数个国家级、省级农业公园。 ②交通欠发达，设施正在完善中，结构性缺水问题严重，尤其在湛江地区。 ③乡村景观相对缺乏特色	①推动粤西热带农业区规模化、现代化经营。 ②利用农业文化遗产，打造农业品牌，以科技兴农和文创助农。 ③加强基础设施建设，推动新型城镇发展
粤北	①生态资源优越、类型丰富，形成了温带果树及山区特色农业资源产业带。 ②产业基础薄弱，农业现代化任务重。 ③人口外流、村庄空心化严重；客家文化、红色历史文化资源丰富	①打造粤北生态特色经济新区，实现绿色崛起。 ②加大生态资源价值转化，发展农产品加工业和生态健康旅游业。 ③优化乡村空间布局，依托古村落弘扬客家文化

（一）珠三角地区乡村振兴路径

珠三角地区应进一步转变经济发展方式，率先探索构建新型城乡关系，优先推动生态振兴、文化振兴和组织振兴。

1. 加快农业转型升级，发展休闲农业

加强生产要素流动和城乡融合发展，围绕大湾区的需求，发展优质农业、高端农业，高标准推进现代农业产业园建设，带动周边农村发展。挖掘珠三角历史建筑、古村落等历史文化遗产的价值，加快推动古民居、古村落、非遗文化等历史文化资源与文化创意、休闲农业、文化旅游产业相结合，打造一批富有广府文化特色的乡村。

2. 加快二三产业转型升级，推动农村集体经济多元发展

珠三角地区要创新农村一二三产业融合方式，重视村集体经济组织二三产业的转型升级。重点在于加强村级工业园升级改造，实施高标准厂房改造，提高物业价值，增加集体收入；推动农村集体经济多元发展，探索集体经济组织以出租、合作、入股等方式盘活空闲农房及宅基地，兼顾古村落文化保护与旅游开发；探索农村集体资产股权抵押贷款试点、发展壮大新型村级集体经济试点示范，促进城乡生产要素双向流动，激活农村发展活力。

3. 保护珠三角特色乡村风貌，重塑乡村风貌

根据与城市街道所处的区位关系，将社区划分为城中村、城郊村两类。加快促进城市公共服务设施和基础设施向社区延伸，推进社区生活设施建设标准向城市看齐，实现城乡生活空间一体化。要加强乡村地区历史文化传承和保护，彰显岭南特色村落文化。

对于城中村。通过推进社区内图书室、农家书屋、公共交通站场等公共设施标准化建设，加强农贸市场、便民超市、老人活动中心等便民设施建设，促进社区公共服务水平标准达到城市建设标准；加强社区人居环境整治，推进社区健身广场升级改造成为社区体育公园，合理布局社区公共绿地、文化活动广场等公共开放空间，有效提升社区绿化美化水平，提升社区居民生活品质。

对于城郊村。加强旧村改造工作，特别是针对建设水平低、管理差的村庄，通过旧村改造、农村人居环境整治等方式提升村庄环境品质。加快基础设施的完善，通过自行车和步行系统、绿道系统等的建设，努力为居民提供高质量的道路设施。加快完善综合服务中心（站）、图书室、农家书屋、公园和街头广场建设，提升便民设施的覆盖率，改善城郊村生活环境、提升文化氛围。

（二）粤东地区乡村振兴路径

粤东地区需要把传统特色农业与现代农业结合起来，发展高科技的高效农业，完善冷链运输基础设施，大力开发海洋产业，发展蓝色海洋旅游和休闲度假旅游。同时，加强河流流域的乡村综合整治，大力弘扬潮汕文化。

1. 发展地方特色农业和高效农业，提升农业规模效益

顺应消费升级需求，强化农产品质量安全监管，增加中高端农产品供给，大力发展保健食品等高附加值产品。发展区域优质农产品公用品牌，建设营销推广体系，打造一批品质好、叫得响和市场占有率高的潮汕特色农业品牌。大力发展农产品精深加工，创新潮汕小菜、干果、茶叶、海产品等传统产品的加工方式，打造原料标准化生产、专业化加工、品牌化推广的特色农产品加工产业链。进一步推动特色农产品生产基地向集约化、精品化和产业化发展，重点打造10万亩沿海特色蔬菜产业带，以及10万亩沿山特色水果产业带，发展壮大狮头鹅特色产业，推进国兰、蝴蝶兰、城乡美化绿化用花等花卉基地建设。

2. 推动农业与二三产业融合发展，延伸农业产业链

粤东地区农业发展要充分发挥区内电子商务示范城市，以及数量多、效率高

的淘宝村的优势，依托现有生鲜果蔬物流龙头企业的示范带动作用，加快建设潮汕特色农产品网上交易平台，发展生鲜速递、特产专卖等农产品定制开发和互联网直销运营模式，进一步探索"电商平台+农产品""基地+城市社区""批发市场+宅配"等发展模式。完善冷链物流基础设施，打造现代农产品集散中心。以三产融合为依托，大力发展集特色农业体验、田园休闲度假、潮汕农耕文化体验、农业科普旅游等于一体的综合性农业休闲旅游景区和田园综合体；以特色农业景观、加工工艺和生活体验作为旅游吸引点，深度开发集观光、休闲、体验于一体的旅游产品，带动农副产品加工、餐饮服务等相关产业发展。

3. 加强乡村环境整治，提升潮汕文化美誉度

加大生态修复和环境整治力度，结合村居环境改造、村居风貌提升、村庄公共空间改造、乡村文化馆等设施建设，提升乡村空间的宜居品质，彰显潮汕文化特色。将潮汕传统精耕细作农耕文化、民间艺术、农业景观建设，以及休闲娱乐活动密切融合，建设一批弘扬地方历史文化与旅游开发相结合的名镇名村，利用饮食文化等各种特色文化助力当地的文化发展。

（三）粤西地区乡村振兴路径

粤西地区需要推动粤西热带农业区规模化、现代化经营，以科技兴农；利用农业文化遗产，打造农业品牌，以文创助农；加强基础设施建设，营造高品质乡村公共空间，重塑乡村特色，大力弘扬雷州文化。

1. 推动粤西热带农业区规模化、现代化经营

以实现现代农业产业化为目标，把先进的科学技术广泛应用于农业，不断完善农业的基础科研、应用科研及推广体系，通过"三高"农业的现代化发展，打造现代农业产业发展带、国家级农业公园、田园综合体，建设特色农业产业小镇。政府引导经营者加大投入资金，构建智慧乡村和绿色金融平台，建立农超对接和农产品信息平台，保护中小企业产权，为农民提供技术指导和农业职业培训。以企业为主导，让企业自主决策，市场化经营。加快粤西地区交通物流通道的建设，建设大型北运菜、北运水果物流园，支持湛江·东盟农产品交易博览会的举办，开展展销采购、贸易对接、交流合作，共享现代农业发展的无限商机和丰硕成果。

2. 打造农业品牌，以科技兴农和文创助农

推进"12221"市场体系，即建立"1"个农产品大数据，以大数据指导产

销，组建销区采购商和培养产区经纪人"2"支队伍，拓展销区和产区"2"大市场，策划采购商走进产区和农产品走进大市场"2"场活动，实现品牌打造、农民致富等"1"个子目标。突出产区优势农产品，为产品贴上明显的产地标签，在"农业数字化"背景下，实现生产、销售和营销一体，强化农产品的地域品牌。依托广州国家现代农业产业科技创新中心及其联动的9大分中心和20余个研究院，为粤西提供科技支持。深度挖掘粤西天然富硒土地资源，积极推动天然富硒土地资源科技成果转化，促进富硒产业发展。

3. 加强基础设施建设，推动新型城镇化发展

推动新型城镇化发展，通过全域土地综合整治，用综合性手段解决土地利用碎片化、低效化等综合问题。加快推进交通工程、能源工程、水利工程、城市建设工程、环保工程、高端装备制造工程、现代服务业、教育工程等重点项目建设，以高水平建设引领高品质的新型城镇化发展。

（四）粤北地区乡村振兴路径

制约粤北山区快速发展的主要原因包括产业基础薄弱、就业人口外流较为严重、农业现代化的任务较重等。因此，粤北生态发展区应在坚持生态保护的基础上，妥善推进工业化和城镇化，优先推动产业振兴和人才振兴。

1. 打造粤北生态特色经济新区，实现绿色崛起

落实绿色发展的战略，走特色发展、生态发展道路，实现绿色崛起，打造粤北生态特色经济新区。深化农业供给侧结构性改革，积极推动农业科技创新发展和质量兴农，促进农村一二三产业融合发展。积极培育新型职业农民，加强农村实用人才培养，加强专业人才队伍建设。

2. 加大生态资源价值转化，发展农产品加工业和生态健康旅游业

依托各村落绿水青山、田园风光，深度挖掘村内围屋等历史文物古迹、红色革命遗址和特色客家乡土文化等独特资源，引导村民开展乡村特色旅游等创新创业，使田园变公园、劳作变体验、农房变客房。加强村落景区化建设、集聚化发展、标准化管理、网络化营销，推动乡村旅游提档升级。完善旅游标识标牌、旅游厕所、停车场等乡村旅游配套设施。扶持建设一批功能完备、特色突出、服务优良的省级休闲农业与乡村旅游示范村，着力改善休闲农业的景观品质与服务设施，打造红色旅游、客家古村落等乡村旅游示范项目，大力促进乡村旅游发展。

3. 重构乡村空间布局，依托古村落发扬客家文化

调整人口结构，吸引各类返乡人才、新乡贤等社会各界人士投身乡村发展。重点做好客家围龙屋、名人故居、古村落等客家文化资源的保护和利用工作，推动更多客家文化遗产项目列入国家、省、市、县非遗代表性项目名录。持续优化乡村空间布局，以古村落为重要空间载体，大力推进客家文化活态传承，打造客家知名的非遗品牌，让更多人走进客家人的生产、生活，体验醇厚客家味，感受浓郁客家情。

（徐永坚　宋云）

规划实践篇

　　第六章，主要介绍珠三角与粤东西北地区8个镇的乡村振兴规划实践。这8个镇分别为珠三角地区的莲塘镇和石滩镇，粤东地区的江东镇和凤塘镇，粤北地区的七拱镇、都杨镇、大站镇和红茶小镇。其中莲塘镇、七拱镇和江东镇为农业产业强镇，凤塘镇为工业强镇，石滩镇为综合实力较强的城郊镇；都杨镇、大站镇和红茶小镇为拥有丰富矿山资源或农业特色资源的特色镇。不同地区、不同资源特点的城镇有不同的乡村振兴路径。本章通过总结8个镇的乡村振兴规划实践，以期为类似的城镇实施乡村振兴战略提供参考。

第六章　镇级乡村振兴规划

一、七拱镇：以现代生态农业发展推动乡村振兴

近年来，绿色发展已成为新时代的主旋律，伴随着全球可持续农业的兴起，现代生态农业的理论研究与实践探索引发了国内学者广泛关注。我国是农业大国，目前农业发展以高产及经济效益为目标，普遍过量使用农药化肥，致使农村土地生态问题突出，乡村长期赖以生存的农田资源及生态环境遭到严重威胁。发展现代生态农业，实现农业高质量发展，保障农产品质量安全，是时代的要求，是人民的愿望，更是实现伟大复兴中国梦的有效路径；2022年习近平总书记在四川考察时的讲话也明确提出："要加强现代农业科技推广应用和技术培训，把种粮大户组织起来，积极发展绿色农业、生态农业、高效农业。"2023年中央一号文件《中共中央　国务院关于做好2023年全面推进乡村振兴重点工作的意见》对推进发展绿色农业与乡村振兴战略作出了具体部署，提出"扎实推进乡村发展、乡村建设、乡村治理等重点工作，加快建设农业强国，建设宜居宜业和美乡村"。基于我国国情农情，推动新时期、新乡村现代生态农业发展是促进我国传统农业转型升级、建设中国式农业强国的必经之路。

现代生态农业以实现生态效益、社会效益和经济效益为目标，是生态农业与现代农业的结合体[16]。美国已成为现代农业绿色、可持续发展的成功先例，在农业现代化进程中，坚持以绿色发展为导向、以绿色农业科技为支撑[17]，建立了完善的农业绿色发展政策体系。日本现代生态农业生产核心目标是追求质量，注重生态闭环与产业溢价，致力做强农产品品牌文化与创意IP。荷兰现代生态农业的核心优势主要来源于全阶段高科技应用，注重提高农业生产环境及科学技术向生产实践的转化。我国农产品长期受国外市场绿色壁垒制约，发展现代生态农业将有助于提高我国农产品参与国际市场的竞争力[16]。

广东乡村生态风貌特色显著，但乡村经济发展相对落后。大力推动现代生态农业发展，为粤港澳大湾区及国际市场提供稳定优质的农产品，将能有效缓解广

东乡村经济发展相对落后的局面，同时有助于改善乡村地区的生态环境。清远市七拱镇是国家农业产业强镇，生态本底优良、农业发展基础雄厚，但该镇区位优势不明显、农业发展特色创新力不足、农业现代化体系尚未完善。通过大力推进现代生态农业发展，将助力七拱镇做好农业产业强镇示范建设，促进镇域农业高质量可持续发展。本节通过对现代生态农业的内涵解析，并以七拱镇现代生态农业实践探索为例，研究现代生态农业助力乡村振兴的有效实现路径，以期为广东省乃至全国农业发展、乡村振兴提供可复制模式与路径参考。

（一）现代生态农业内涵

1. 以生态理论为基础，实现生态与经济双赢

现代生态农业是以生态理论为基础、现代化技术为手段、农业可持续发展为核心的新型农业发展模式，符合生态文明建设要求。相较于传统农业，现代生态农业追求环境与生产的平衡、生态与经济的双赢，从而实现环境保护、农业安全、效益可行、人类健康的长远目标。现代生态农业是优质高效的绿色农业，注重资源节约与高效循环利用，可有效提高土地承载力、推动土地永续利用；注重农产品的绿色与品质，满足人类健康及市场发展需求；注重提高农产品附加值以增加经济效益，提高农业综合产能。现代生态农业是改变农业传统生产经营方式、实现农业转型升级的重要方式。

2. 推动生态与产业振兴，为乡村提供新的经济增长点

未来的乡村是生态涵养之地，现代生态农业的发展将有效推动乡村生态振兴，改善当前农业生态系统失衡、土地生态环境退化的现状，并对乡村生态环境提供正向反馈，促进乡村农业生产资源可持续利用。

未来的乡村也是为城市提供稳定优质农产品的生产地。如今，人们对乡村的产品需求已逐步由单一向多元、低端向高端转变，现代生态农业的产品生态及优质属性，将为乡村发展提供新的经济增长点。乡村可因地制宜，根据自身资源禀赋，发展高附加值的现代生态农业多元模式，培育乡村新型业态与功能性农产品，促进乡村农业高质量发展，推动乡村产业振兴。

3. 以农业生态化、现代化、社会化"三化"为基本特征

现代生态农业是以实现生态效益、经济效益、社会效益为目标的农业生态经济复合系统，其拓展表现为农业生态化、现代化、社会化的"三化"特征。①农业生态化：现代生态农业强调以生态文明、可持续发展为理念，维持农业生态系

统均衡，提升生态系统服务产出效率。主要发展模式包括有机循环、复合生态种养等，通过环境友好型生产方式展现生态效益。②农业现代化：现代生态农业将引入大量现代化科学技术及管理手段，同时提高农业信息化水平，发展规模化、信息化农业。通过有效减少生产成本、增加收入产出的方式，提高农业经济效益。③农业社会化：现代生态农业已逐渐由孤立型、封闭型、自给自足型传统农业转变为分工细密、协作广泛、开放型商品农业，其主要表现形式为农业社会化服务。大多学者认为，农业社会化服务是推进农业组织方式与生产方式变革、实现中国农业现代化的必然选择，提高了农业经济效益、社会效益等。

（二）七拱镇现代生态农业发展的规划实践

1. 七拱镇概况分析

七拱镇位于清远市阳山县南部，属于粤北山区，距广州市约2.5小时车程，离粤港澳大湾区核心城市较远，区位优势不明显。七拱镇与许广高速出入口相邻，国道G107线、国道G358线穿镇而过，对外交通较为便利。七拱镇位于广东省绿色生态发展功能区，是中国绿色名镇，生态优势显著。镇内农业资源丰富，农产品优质，是国家级农业产业强镇、粤港澳大湾区物资保障基地以及阳山县重点发展区。

（1）资源条件

生态基底优渥，田园风光靓丽。七拱镇拥有优质的水土资源、丰富的森林资源、美丽的生态农业景观及自然风光。镇域山林坐落两侧、三河编织成网、水田散布中央，整体形成"两屏三河万亩田"的生态格局，乡村田园特色突出。2020年，七拱镇龙脊村被评为广东省森林乡村，自然生态风貌保存完好。

拥有淮山、丝苗米两大特优农产品。由于土壤肥沃，水矿丰富，七拱镇盛产优质农作物，丝苗米、淮山、阳山鸡、迟菜心等农产品品质优良，其中淮山被评为国家地理标志产品和国家生态原产地保护产品。2023年，七拱镇（丝苗米）成功入选首批国家级农业产业强镇名单。

历史古建众多，红色文化鲜明。七拱镇古称犀牛塘，明清时期称通三里，镇内文物古迹众多，现存不可移动文物共计22处，包括省级文物保护单位1处、县级文物保护单位5处、其他文化价值较高的不可移动文物16处，其中三山寨古人类遗址为新石器晚期人类活动遗址。此外，七拱镇拥有红色遗址多处，并保留着舞狮、三所八音等传统技艺，历史文化底蕴深厚。

（2）发展问题

农产品附加值较低，农业现代化体系尚未完善。七拱镇农业基底雄厚，农产品品质优良、种类丰富，目前全镇种植丝苗米面积达5万亩、淮山8 000亩，已通过土地流转建成丝苗米产业园、淮山种植基地、稻虾共作生态种养示范基地等多个农产品示范地，但尚未充分挖掘农业资源的多重功能，农产品附加值较低。农业现代化体系尚未完善，农业现代化、数字化、信息化发展有待加强。

优势农产品市场认知度不高，品牌效益亟须增强。七拱镇是丝苗米专业镇，拥有国家地理标志产品淮山，但优势农产品市场认知度不高，品牌效益不强。农产品包装与销售意识较为薄弱，销售范围局限，因而存在农产品滞销现象，未能与珠三角地区的庞大市场形成有效对接。农产品品牌保护力度较弱，由于市场上阳山县（七拱镇）丝苗米品质参差不齐，以及农产品在后期加工、储存、交易等环节的监测把关力度不足，出现产品品质下降现象，导致品牌信誉受到较大影响。

第二产业以传统制造业为主，产业结构有待优化。2020年七拱镇规模以上工业总产值为3 659.8万元，在全县排名靠后。现七拱镇塘坪村工业园区为县级工业园，是阳山县重要工业基地，已创造就业岗位1 000多个，但目前园内产业类型多为传统工业，作为广东省北部生态发展区，园区亟须转型升级，坚持生态优先，力争形成特色生态工业产业集群，打造县域经济新引擎。此外，七拱镇农产品加工产业园规模较小，缺少集加工、物流、销售等于一体的产业集聚平台。

文化资源整合度低，尚未形成地域文化品牌。七拱镇文化资源丰富，文物古建筑众多，整体保存较好，但村镇现存特色古建筑等历史文物仍处于闲置状态，未能得到充分保护与活化利用。文化资源整合度较低，未能形成全域文化资源有效联动，且缺乏地域特色IP，文创产品研发力度不够，文旅产业尚处起步阶段。

2. 构建"多要素—全产业链"的现代生态农业发展思路

基于自身资源本底，七拱镇以"人兴—地治—技强—品优—多融"的现代生态农业为发展思路，强化人、地、技术、品牌、产业多方要素，构建现代生态农业发展人才体系，保障现代农业与生态产出的用地，提高现代生态农业发展核心竞争力，构建镇域全产业链融合体系，促进七拱镇现代生态农业强势发展。七拱镇始终坚持绿水青山就是金山银山的发展理念，通过大规模土地流转、生产基地建设，构建农业现代化、规模化发展平台，推动现代生态农业产业化发展。着力构建农业全产业链价值体系，在产前阶段积极投入资金以研发丝苗米新品种，产中阶段规划"五基地+二加工"（西连村淮山种植示范基地、隔坑村丝苗米种植示范基地、火岗村丝苗米种植示范基地、三所村迟菜心种植示范基地、农产品研发基地，粤北农产品深加工产业园、农副产品综合加工绿色工业园）农业生产加工集聚平台，产后阶段探索发展农业社会化服务组织、挖掘农业多元服务功能、促进三产融合等途径，致力将七拱镇打造为现代生态农业产业强镇、粤北生态农文旅胜地。

3. 全面推进土地整合流转，破解山区农业规模化困境

七拱镇山林地面积占比超八成，农田资源后备潜力不足。为缓解山区耕地资源不足、土地零碎化的问题，强化土地资源优化配置，七拱镇积极推进农村土地流转，为农业规模化经营和现代农业发展提供用地保障。在村委会宣传发动下，七拱镇农户多数自愿并积极流转土地，流转耕地面积约占总面积的88%，大量减少了镇域闲置耕地面积，有效促进了七拱镇有限农田资源的集约高效利用，实现规模化生产经营，提高土地产出效益，为七拱镇现代化农业发展奠定了良好基础。

4. 培育多元农业经营主体，积极推广农业社会化服务

七拱镇大力培育新型农业经营主体，目前全镇实体化运作的家庭农场、农民专业合作社、农业龙头企业已达94个，并成功吸引了多家农业企业入驻，形成了多元主体经营模式，联结带动效果显著，有效增加了农民收入。同时，七拱镇积极探索并推广农业社会化服务，建立农民合作社服务中心，开展农业生产托管项目和县域范围的社会化服务试点。推进农机服务，开展新型农机培训推广会、引入农机专业技术人才、组织定期农机技术培训等，积极推进农业基地购置植保无人机、喷药机、插秧机等农业现代化耕、种、收机械化设备，加快推动七拱镇农业规模化、机械化发展，推进七拱农业全自动化生产进程。

5. 打造有机复合农业示范基地，树立有机循环农业示范标杆

七拱镇依托优良水质及水稻种植基础，探索出"水稻+"的复合立体种养模式，建设了稻虾共作种养示范基地1处，亩产增效2 000元以上，实现了经济与生态效益双收。七拱镇在镇域范围规划新增两处水源充足、保水性良好、交通便利的"水稻+"复合种养试点基地，保证供水量充足的同时，充分考虑利用地势自流进排水，推进立体生态种养模式的推广与应用。规划立足七拱镇资源现状，充分挖掘广袤山林资源，开展林下生态种养试验，大力发展林下生态经济。规划引进农业科研团队，进行土壤土质相关检测，因地制宜，打造林菌模式、林药模式、林粮模式、林禽模式、林花模式五大林下生态经济试验区，致力探索"绿山"变为"金山"的现代生态农业发展路径。此外，为强化生态农业可持续发展，七拱镇规划探

索有机循环农业发展模式，树立有机循环农业示范标杆。根据七拱镇农业生产资源及农业发展类型，规划打造"猪—沼—果"循环模式、农林牧复合有机循环模式示范基地，推动农业生产减肥减药、资源节约，实现农业绿色可持续发展。

6. 打造现代农业生产平台，带动地域产业提质升级

规划建设"五基地+二加工"的现代农业生产平台，延伸农业产业链，带动七拱镇农业发展。规划打造现代化、规模化的淮山、丝苗米、迟菜心种植示范基地，以高标准、高技术建设地域一流的现代农业种植示范园区，并以示范基地为抓手，以点带面，推进七拱镇全域现代化农业生产种植。同时推动第一产业和第二产业的深入衔接，打造农产品精深加工产业平台，实现七拱镇优势农产品的加工集成化、高端化并提高产品附加值，为七拱镇现代农业产业发展提供强大引擎。

7. 挖掘现代生态农业多重功能，打好精品农文旅组合拳

七拱镇充分结合自然景观和农业资源，发展集农业生产、生态、休闲、教育、示范多功能于一体的特色生态休闲农业，挖掘现代生态农业多重功能，促进农业资源价值转化，推进特色生态农旅发展。同时，深入挖掘七拱镇古建筑文化、红色文化、舞狮文化、稻香文化等文化资源，活化历史文化古建筑等，打造特色文化旅游节点，推进农文旅资源整合联动，规划精品线路，促进七拱镇特色农文旅产业发展。通过纵向深挖现代生态农业多元功能业态，横向叠加地域特色文化产业，发挥乘数效应，推动七拱镇产业创新与振兴。

8. 擦亮优势农产品品牌，推动品牌化营销

规划对标增城丝苗米，从"技术研发—存储监测—标准制定—宣传包装—品牌保护"一系列要素入手，提升七拱丝苗米从前期生产到后期宣传销售水平，打造丝苗米靓丽品牌，打响"北有五常、南有丝苗，七拱稻香、湾区粮仓"称号。同时，规划品牌营销行动方案，设计具有当地特色的产品包装，创建地域IP符号，提升优势农产品的市场竞争力，增强品牌效益。

（三）现代生态农业发展助力乡村振兴路径研究

1. 推进土地流转与连片整治，为现代生态农业发展提供优质基础

通过农田规模流转与连片整治，可有效促进农田集约高效利用，改善农业生态环境，为农业现代化生产提供适合规模种植的优质农田。对于广东而言，山区面积广泛，耕地资源总量受限，地方可通过探索土地流转的新机制、新方法，实行严格的农田管理制度，立足本土、摸清底数、推进整合、统一打造，为地域现

代生态农业发展提供优质的用地基础。

2. 培育多元农业经营主体，发展地域现代农业主力军

新型农业经营主体是推动现代生态农业高质量发展的重要动力，地方应积极培育多元新型农业经营主体，大力推动龙头企业、农民专业合作社、种养大户、家庭农场等的建设，强化现代生态农业的建设引领。地方可通过成立现代生态农业合作社，发展农业生产性服务业，积极带领农民参与现代生态农业建设，对农民进行现代化技术科普，培育地域现代农业发展主力军。

3. 建立高标准生产管理体系，提升优势产品品牌竞争力

现代生态农业最鲜明的特征是生态性与健康性，未来现代生态农业的发展需引入先进实用的科学技术，加强生物废弃处理、污染综合治理等环境友好、资源节约、绿色低碳型技术应用，探索发展立体复合种养、有机循环农业等现代生态农业发展模式，并严控农产品的全产业链清洁生产（储存、加工、运输、流通），建设生态高标准的农业生产管理体系。此外，地方应注重实施品牌化战略，深化优良品种研发，生产优质产品，提升生态农产品的核心竞争力，提高优势产品品牌知名度。

4. 强化现代生态农业信息化建设

未来现代生态农业借助数字信息技术，将有力推动农业高效生产，实现新的跨越。数字信息技术可应用于现代生态农业的生产、管理、销售、市场流通等各个环节，利用智能技术与信息平台，能精确掌握土壤及农作物生长情况、提高产品质量，能有效改变传统农业展销模式，降低供应与流通损耗。信息科技的应用将为现代生态农业发展提供强劲引擎。

5. 构建现代生态农业全产业链体系

挖掘农业全产业链融合价值是提高农业附加值、提升农业经济效益的重要方式。根据前期投入—种植—加工—流通—消费的不同环节，可通过培育新型农产品，建设农产品种植示范基地、现代化加工园区、展销多功能一体的消费平台等，延伸农业产业链，实现农业产业链价值提升。

多元产业融合共兴是未来乡村产业发展的方向，现代生态农业的高质量发展应积极拓展农业多重功能，培育乡村新型融合产业，发展"生态农业+大健康""生态农业+科普教育""生态农业+文旅融合"等模式，通过优化生态农业产业结构、生产体系及创业环境，进一步提升农业市场竞争力，同时促进乡村三产融合、产业振兴（图6-1）。

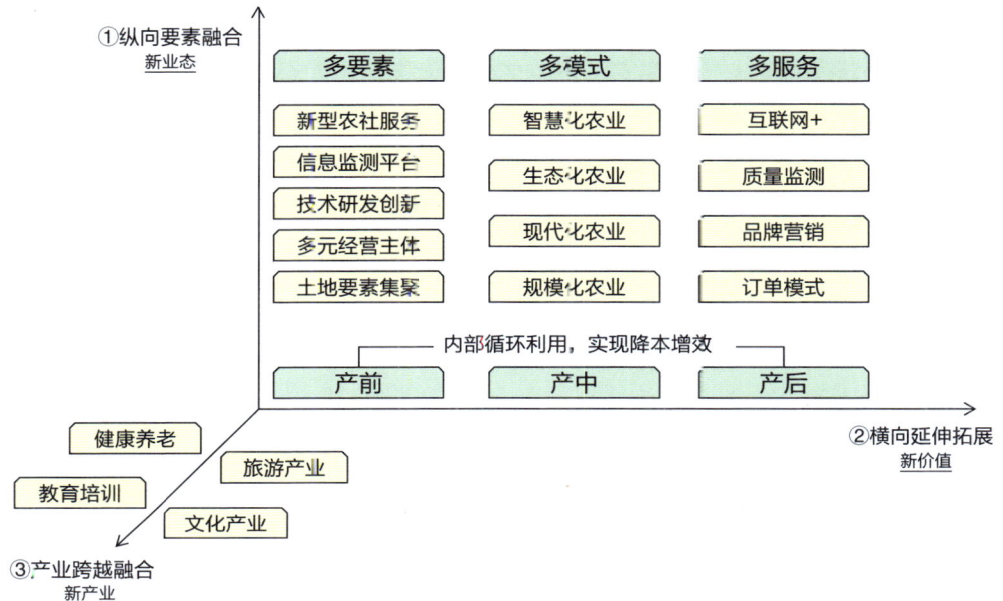

① 纵向要素融合
新业态

多要素	多模式	多服务
新型农社服务	智慧化农业	互联网+
信息监测平台	生态化农业	质量监测
技术研发创新	现代化农业	品牌营销
多元经营主体	规模化农业	订单模式
土地要素集聚		

内部循环利用，实现降本增效

产前	产中	产后

② 横向延伸拓展
新价值

健康养老

旅游产业

教育培训

文化产业

③ 产业跨越融合
新产业

图6-1　现代生态农业发展助力乡村振兴路径模式

（四）结论与启示

现代生态农业是追求生态、经济双赢的农业可持续发展模式，是以农产品的生态高价值、经济高效益特征赋能乡村振兴。现代生态农业的不断深入探索与大规模推广应用，是未来中国农业转型升级、实现乡村农业高质量发展的必由之路。

七拱镇现代生态农业的实践探索，可为乡村农业优质、高效、创新发展提供参考借鉴。①加强农业生产要素——土地的整备优化，为农业规模化、现代化发展提供良好基础。②培育多元农业经营主体，扩大农业社会化服务，推动农业生产组织方式变革转型。③推进现代生态农业信息化建设、严控农产品生态环境全产业链清洁生产、强化科普宣传与生态品牌建设，提升农业核心竞争力。④构建农业全产业链价值体系，挖掘现代生态农业多重功能，发展乡村新型融合产业。大力推动乡村现代生态农业高质量发展。

现阶段，现代生态农业的全面推广仍面临较多难题，如何提高农民农业生产技能、构建高水平的信息技术平台、寻求资金链闭环途径、促进科技研发成果的转化等仍需不断探索研究，乡村现代生态农业蓬勃发展之路仍需奋力开拓。

（张庆霞）

二、莲塘镇：以恢复传统农耕生态及文化促进三产融合

在乡村振兴成为全社会共同行动的今天，产业振兴作为乡村振兴的物质基础，是乡村振兴的经济保障；生态振兴则是乡村振兴的内在要求，是发挥新时代乡村多维功能的内在需求[18]，两者的有机结合，可以实现资源的有效利用和经济的可持续发展。传统农耕文化注重人与天地之间的和谐共存，在农业种植和生产中展现出生态循环和自然保护的理念。发展和传承悠久的农耕文化，既能改善当前日渐恶化的生态环境，也能保障农业农村现代化建设可持续发展的实现。开发利用传统农耕文化遗产的丰富资源，发掘乡村特色民俗、节庆、技艺、饮食等有着独特吸引力的农文化元素，以此为基础打造特色文化符号，对发展特色农产品、休闲旅游和乡村新业态都具有十分重要的作用，从而带动农民就业创业、增收致富，为全面推进乡村振兴赋能。

肇庆市高要区莲塘镇位于西江下游低塱区，水系发达，拥有多座大型水库和万亩连片坑塘，莲塘镇属于农业产业强镇，水产养殖历史悠久，素有"鱼米之乡"的美誉。但在快速城镇化的过程中，莲塘镇水生态系统遭到较严重的破坏，其支柱产业罗氏沼虾等水产养殖大面积减产。自党的十九大报告提出乡村振兴战略以来，莲塘镇遵循生态文明理念，以恢复传统农耕生态和文化为手段，积极探索"生态环境综合整治+生态种养"模式，即通过农村生态环境综合治理，进一步强化区域的资源禀赋，发展高经济附加值的生态种养。依托区位和交通的优势，莲塘镇深入挖掘本身的自然资源和历史文化资源，打造田园综合体，促进三产融合发展。

（一）恢复传统农耕文化内涵

1. 借鉴古代农耕智慧，掌握生态生产方式

传统农耕文化是建立在自给自足农业经济基础之上的各种规章制度、道德规范和社会观念等的总和，包括与农业相关的制度、物质和精神文化，是勤劳的中国人民在长期的农业生产实践中产生和发展的一种传统风俗文化[19]。遵循"自然规律，适应自然条件，顺应和利用生态循环，不过多地人为干预自然"准则，这种可持续的农业生产观念蕴含着大智慧，能与大自然保持良好的沟通和交流，了解土壤情况、节气变化，使农业生产能够和各地的自然环境密切结合，使各地

农业能够在特定的自然环境下形成自己的特色。

2. 现代农业与传统生态农耕结合，实现农业的可持续发展

农业生产现代化设备已逐渐替代了传统的手工农耕模式，除草、灌溉、施肥、除虫等农耕活动都已经实现了机械化操作。这些现代科技的应用，能大幅度提高农业管理和生产能力。现代农业与传统农业中的精耕细作、生态保护、物质循环利用的发展方式和技术体系充分融合和交流，利用传统的农耕方法和工具进行有机农业生产，减少化学农药和化肥的使用，生产出绿色、健康的农产品，是农业的可持续发展的新路径。

3. 传承传统农耕文化，实现三产融合

传统农耕传承下来的珍贵的种质资源、完善的耕作技艺、丰富的生物多样性、独特的生态文化景观等，都是丰富的可开发利用的资源，对于拓展农业多种功能、发掘乡村多元价值、发展乡村新业态具有十分重要的作用。在有效保护农耕文化的前提下，对农耕文化资源加以合理利用开发，整合土地集中农耕文化主题旅游业，将传统农耕文化资源转化为文化生产力，实现传统与现代的整合。这种基于本土农耕文化形成的一二三产业融合发展的产业体系，实际上是传统与现代"农+文+旅"产业模式的延伸，该体系有助于促进经济社会的发展，为实现产业兴旺、乡村振兴提供了独特的产业优势和经济基础。

（二）莲塘镇水系生态治理的规划实践

1. 莲塘镇概况分析

莲塘镇镇域面积约125平方千米，镇内拥有丰富的山水林田等自然资源，形成以神符山为中心、水塘环绕、南部山林区为屏障的山水格局。莲塘镇所处的高要区，常年降雨量集中，是常年积水或季节性积水的低塱区。从16世纪到20世纪中期，由于没有大型电力排灌工具，低塱区雨水内涝，积水难排，而塱塘能起到蓄洪作用。基于自然条件和社会生产要素不发达的现状，农民摸索出种植深水稻和浮水稻的农业开发模式，以及稻田养鱼和稉鱼轮作的养殖方式[20]。

高要深水稻种植拥有长达500年的历史。20世纪80年代后，由于人工机电排灌的大规模推广，低塱区被开发成一年两造的水稻种植区，水稻品种开始混杂，深水稻基本消失，这一宝贵的农业技术知识逐渐失传。高要地区的水塘也逐渐用于水产养殖，发展四大家鱼和罗氏沼虾水产养殖，原稻鱼共生形成的生物多样性系统遭到破坏，农业生态环境受到一定程度的影响。

稻鱼、稻虾共作生态复合种养。充分利用稻田良好的生态条件作为鱼的生长环境，同时利用鱼清除田中杂草，觅食害虫，减少病虫害的发生，以此形成互生互惠的生态系统。这两种农业生产模式是宝贵的农业技术遗产，也是我国农耕文化的重要组成部分。

水产养殖业成为莲塘镇的农业支柱产业。目前莲塘镇拥有罗氏沼虾和罗非鱼两个"国字号"招牌。莲塘镇罗氏沼虾现养殖面积超20 000亩（图6-2），占水产养殖总面积的90%，其产量占全省总产量的1/5，占高要区总产量的1/3，年产值达14亿元。莲塘镇罗氏沼虾养殖技术较为成熟，亩产约为700千克，得益于特有土质和水质条件，以及莲塘镇茜草—虾特色养殖模式，使莲塘镇罗氏沼虾质量优于周边地区。

近年来，为了便于管理，莲塘镇水产养殖大部分采取下敷设防渗膜、上盖保温膜的方式，将曾经连通水系的万亩水塘变成了独立的养殖塘。过去，深水稻和浮水稻种植能起到一定的滞洪纳洪的作用，现在由于失去了大面积的湿地资源，水产养殖塘独立管理，镇内水系河网联系不畅，造成水生态系统自我修复能力差。加上养殖饲料和防虫害药物的投放，导致莲塘镇水生态环境越来越差。同时，受天气和销售渠道等因素的影响，莲塘镇水产品质量不断下降、亩产逐年走低，水产养殖业面临较高的生产经营风险。

图6-2　莲塘镇罗氏沼虾万亩虾塘（陈彦成 摄）

2. 开展水环境综合治理

莲塘镇若要实现农业生产的可持续发展、满足生产活动与生态环境的协调发展、实现人与自然的和谐共生，则需要缓解镇内的水资源生态压力，进行水生态综合治理，恢复水生态文明是当前实现乡村振兴的关键任务。

狠抓养殖水体梳理及生态治理。莲塘镇大力实施水环境综合治理湿地项目，并在西江支流新兴江流域修建污水处理厂，以改善、净化新兴江水质。同时，根据《肇庆市养殖池塘升级改造绿色发展三年行动方案》，制定升级改造养殖池塘计划，以规模养殖场、连片养殖场为重点，推进万亩养殖池塘升级改造、绿色发展。紧紧围绕改善水生态环境质量的核心，标本兼治、综合施策，切实做到水环境专项整治和常态化治理相结合，提升专业化和智能化监管水平，巩固水环境治理成果。

加强农村生产生活污染治理。加大城乡统筹力度，通过区域开发加快农村基础设施建设，不断完善城乡基础设施配套，特别是要加快推进农村的污水管网建设和截污工程建设，有效截断排入河塘的污水。通过及时转运垃圾、鼓励农户使用无残留物的农药等措施，减少农村生产生活对水体的污染，提高河塘水系的自净能力。

推进工业企业污染治理。加强"散乱污"企业整治，坚决淘汰产能落后企业，倒逼企业转型升级。对生产工艺相同、污染物性质相似、地理位置相近的中小企业，依托工业园区（集聚区），以及治污能力强的规模企业，建设集中式的污水处理设施，打造工业污水处理"绿岛工程"。同时在污水处理设施及配套管网未覆盖的地区加强沿河及支流污水排放量较大单位的管控，建立废水临时收运处理设施，严防废水直排河道。

加强河塘沿岸生态景观提升改造。通过对现有鱼塘景观进行提升改造，种植草、花、菜、桑来美化鱼塘景观，设置塘头棚和水质处理自然景观，打造一个节能、生态、环保、健康的养殖环境，实现河畅、水清、岸绿、景美的目标。

3. 以生态种植逐渐恢复生态养殖

在养殖罗氏沼虾的过程中，因过度投喂饲料导致池塘水质变差，甚至暴发蓝藻，最终导致罗氏沼虾减量减产。莲塘镇积极组织合作社和养殖户学习罗氏沼虾养殖技术，提高罗氏沼虾生态养殖水平。

利用茜草恢复罗氏沼虾生活环境。罗氏沼虾养殖的技术要点包括种苗筛选、茜草种植、饲料投喂及水质管控4个方面。首先，罗氏沼虾有相互打斗的习性，生长在虾塘的茜草可以为罗氏沼虾提供躲避的场所，增加罗氏沼虾的生活立体空间，减少打斗。其次茜草能吸收水中的氮、磷肥等无机物，净化水质、节省用药成本。最后，茜草还能为罗氏沼虾提供天然优质的植物蛋白和微量元素，加快其生长速度，还能改善罗氏沼虾肉质。

对养殖尾水进行生态化处理。莲塘镇升级了"生态池塘"的水产养殖模式，传统池塘变为养殖水循环净化塘和生态湿地，对养殖尾水进行生态化处理，从而实现生态环保和资源循环利用，达到无污染、零排放的目的。

4. 以科技推动"稻虾共养"等复合种养模式

推进立体种养和综合种养新模式。莲塘镇保留了祖先培育的良种生产组合，大力发展稻鱼复合种养，积极引进科研单位、院校入驻，建设稻鱼、稻虾等复合种养示范推广基地，打造多种新型立体种养模式和高效稻鱼综合种养新模式示范点，提高水稻和水产综合生产能力，实现一水两用、一田多收，获得更高的经济效益。

5. 以数字化全产业链平台实现智慧管理

建立线上监管、线下采集相结合的全产业链数字平台。为应对罗氏沼虾养殖产业减产、减量的问题，莲塘镇搭建罗氏沼虾养殖全产业链数字平台，全面覆盖水产养殖、水产品加工与流通环节，通过线下建立数字示范基地，设置记录养殖水情、气象等的传感器，线上与电商平台、食品安全监管平台、投入品质监管平台对接，采集全产业链数据，实现数据互联互通，从根源解决水产养殖存在的水质治理难、病虫害防治难、质量管控难等问题。

建设鱼虾检测监测站，降低养殖风险。鱼虾等水产养殖产业前期投资高，养殖风险大。为了加强长期预防监测、缩短检测时间，减小水产养殖受病害的影响，莲塘镇建设全省第一个县区级鱼虾检测监测站。监测站开创了包括水质、病原、药残等相应的专业检测室，降低了养殖户的水产养殖病害检测成本，提升了水产品品质，进一步推动莲塘镇水产养殖业高质量发展，促进乡村振兴。

6. 以田园综合体实现三产融合

2017年中央一号文件《中共中央　国务院关于深入推进农业供给侧结构性改革 加快培育农业农村发展新动能的若干意见》将田园综合体作为我国乡村振兴战略的重要助力和载体，承载着乡村旅游、田园社区等功能的乡村综合发展模式。莲塘镇具有区位、资源和环境上的优势，有一定的工业化和城镇化基础，具备田园综合体的开发条件。莲塘镇的田园综合体项目依托荔枝村深厚的文化底蕴和神符山优越的自然资源，通过农村生态环境治理，进一步凸显以罗氏沼虾为主导的特色水产资源禀赋，科学运用先进技术实施精深加工，创建莲塘镇特色农业品牌，打造集循环农业、智慧农业、观光农业于一体的田园综合体，促进三产融合，助推莲塘镇乡村振兴。

促进土地流转，实现农业规模化经营。莲塘镇大力推进抛荒弃耕整治工作，落实严格的耕地保护制度，加强土地用途管制，规范占补平衡，强化土地流转用途监管，遏制耕地"非农化"、基本农田"非粮化"。以荔枝村、温贯村、罗勒村等村的撂荒地整治为示范，积极推进抛荒弃耕整治工作，破解撂荒地复耕复种难题。此外，开展抛荒弃耕政策宣传和组织协调，鼓励村民自行复耕或流转发包给新型经营主体进行代耕。通过引进肇庆市高要惠民供销菜篮子工程有限公司、广东田润农业科技发展有限公司等企业在荔枝村承包撂荒地进行复耕，实现农业规模化生产和经营。

依托农业特色资源，打造农耕文化园。莲塘镇以罗氏沼虾养殖产业为主导，链接当地蔬菜瓜果种植产业，打造一二三产业融合发展的农耕文化园。囊括香草园、丰收广场，智慧种植、复养种植等示范区，展现了传统农耕特色，并开展捕鱼、钓虾等亲子活动，有效带动了乡村文化旅游发展。

依托文化特色资源，激发内生动力。莲塘镇拥有丰富的历史文化资源，包括以宝莲寺和六祖禅寺为代表的佛教文化、以神符山为主的道教文化；还拥有大量的宗族风貌建筑，如祠堂、祖堂和学堂等。荔枝村、官塘村、莲塘村、下围村等村落格局保存完好。其中荔枝村现保存有大量历史文化资源，包括石泉梁公祠、白兰社学、梁姓祖屋、飞鸣书室和殿华学校等代表性建筑。

以艺术和农耕文化复兴，盘活村镇文化，提高村民参与度。莲塘镇遵循内源型乡村文旅模式，利用村内旧墙面、围墙等空间，描绘出别具特色的艺术画作，美化乡村居民生活环境；将白兰社学、飞鸣书室、殿华学校等古私塾、书院等传统建筑进行修葺和盘活，注入"孔子文化""状元文化"等元素，开展"书香莲塘——乡村领读者"活动，让千年古村重焕新机。当地村民看到乡村发展带来的变化，他们在享受乡村振兴实施带来的发展成果的同时，会积极自觉地投入乡村治理和乡村建设中去，从而激发乡村内生动力，实现了从被动发展到"造血式"发展的转变。

加强农文旅结合，促进"三生"融合。莲塘镇以水产养殖产业为支撑，以神符山为中心，将周围的文化古村、水塘和田野纳入产业链，包括水产供应基地、哈哈乐农耕文化园、荔枝村状元古村落等多样的休闲文旅项目。旅游业的发展给田园社区带来了民宿建设、民宅开放等经济项目，给乡村创造了更多的就业机会，提高了乡村居民的收入水平。莲塘镇的农文旅结合，促进了村庄的生态、生

活和生产的融合。

（三）基于传统农耕的生态及文化可持续发展路径研究

目前以可持续发展的理念作为农业经济发展方针的核心。对于以水产养殖为主要产业的乡镇，应以恢复农耕生态及文明为手段，积极探索"生态环境综合整治+生态农业"的模式，通过农村生态环境综合治理，夯实生态农业发展基础，发展高经济附加值的生态农业，培育高效生态农业龙头企业。立足镇域的产业布局，挖掘本身的自然资源和历史文化资源，打造田园综合体，促进三产融合发展，实现生态农业现代化及人与自然和谐发展的新格局。

1. 生态治理先行，恢复农耕生态

以整治水产养殖业赖以生存的水生态系统为着力点，解决污水排放、垃圾污染等问题，减少农村生产生活对水体的污染，从源头实施综合治理，提高河塘水系的自净能力。同时推进池塘的生态恢复，保障水产养殖的生态环境，保障水产品的质量和数量，实现"生态+"的产业模式。

2. 以农业产业为核心，实现多业态联动

巩固水产养殖产业优势，壮大水稻种植、蔬果种植等其他种养业，发展"稻虾""稻鱼"等生态养殖，形成"塘—田—园"特色产业集群。大力推动葡萄、火龙果、食用菌等特色农业发展，培育农业龙头企业。以高效率、集约化的生产方式，将美丽乡村的绿色资源变成生态产品，促进全镇的三产融合，将生态优势转化为产业优势。

3. 打造田园综合体，促进三产融合

立足全镇的产业布局，基于对乡村的生态格局、生产格局及基础设施条件的整体考量，以生活和生产中心区域为核心，打造集养殖、农业种植、休闲观光、农耕文化体验于一体田园综合体，带动全镇其他乡村发展，形成区域联动发展，促进三产融合。

4. 规模化种养业，大力发展农产品精深加工，打造莲塘品牌

重视技术研发，推动特色优势农产品规模化种植，实现高标准农业产业园建设，培育生态农产品。确保农产品生产和加工标准化，生产高质量农产品，形成农产品种植规模化效应。持续发展壮大水产品加工产业，加大宣传力度，形成莲塘品牌效应，提升农产品销量。

（四）结论与启示

农耕文化是指与农业生产相关的传统知识、技艺、价值观念和习俗等的总称，是中国农民长期实践所积累的智慧结晶，是我国农业的宝贵财富，代表了中国农耕社会的特点和精神风貌。传统农耕重视天、地、人之间的和谐共存，对生态系统进行适度干预和保护的生产方式，是历史留给我们的宝贵财富。随着现代科技的快速发展，人们的生活方式发生巨大变化，对传统文化尤其是农耕文化的传承与发展造成一定冲击。重视乡村生态系统动态平衡，恢复传统农耕文化，解决农业发展过程中造成的土壤侵蚀、土地退化、生物多样性减少等问题，才能保障农业生产的绿色发展。

莲塘镇在恢复传统农耕文化的实践中，促进传统农耕文化创造性转化及创新性发展，以生态治理先行，给农业生产提供了可持续的生态环境，保障了农业生产水平；以巩固重点产业为核心，引入先进科技，推动特色优势农产品的研发和规模化种植，以打造田园综合体为路径，实现三产融合，实现产业振兴。

农耕文化传承方面还存在一些问题和挑战，如传承人口减少、农民参与度不高、传统技艺流失等。除了农业生产的物质资源和技术外，一些乡村的管理模式、民俗文化传统等都是需要被继续挖掘的可传承的农耕文化，我们需要探索更多的方式将传统农耕变成旅游文化元素、旅游产品进行宣传。因此，应加强对传统农耕文化的保护与传承，创新技术和方式带动乡村产业、文化、生态、人才等各方面的全面振兴。

（张皓瑛）

三、都杨镇：以EOD模式唤醒"沉睡"的资源

广东人多地少，国土开发活动持续时间较长且范围较广，导致了城乡建设用地无序蔓延、土地利用低效、环境污染和乡村发展用地难等问题。2018年，广东省自然资源厅印发《关于深入推进"三旧"改造工作的实施意见》，提出要保障农村三产融合发展的用地，大力推进低效用地再开发，深化农村宅基地制度改革试点建设。因此，为解决上述问题和保障农村发展用地，实行EOD模式是广东实现城乡高质量发展的可行路径。

EOD模式通过统筹生态环境治理与产业发展、区域开发与持续运营、投融资

与项目实施等，在项目组织实施模式上进行探索和创新。一方面，EOD模式践行绿水青山就是金山银山理念，推进生态产品价值实现，支撑深入打好污染防治攻坚战和生态文明建设。另一方面，EOD模式是实现发展和保护融合共生的重要方式，通过项目组织实施模式创新，以生态环境治理提升产业开发价值，以产业收益反哺生态环境治理，实现发展和生态保护融合共生。此外，EOD模式是实现生态产品价值的有效路径，通过改善生态环境质量，提升产品品质，推动生态优势转化为产业优势，拓展生态产品价值实现方式，实现产业增值。

云浮市云安区都杨镇是典型的矿山镇，以往走的是靠山吃山、靠水吃水的资源依赖型发展道路。近年来，都杨镇"四化"（耕地碎片化、空间无序化、产业低端化、生态功能退化）问题凸显。盘活低效利用的土地，唤醒"沉睡"的矿山资产，着力打造三产融合的省级城乡融合示范镇，不断拓宽"两山"转化通道，成为都杨镇乡村振兴的关键路径。都杨镇采用EOD模式，实现了生态环保和经济发展的协同共赢，促进了地方经济发展和生态环境保护，这种模式具有重要的实践意义和推广价值。

（一）EOD模式内涵与案例借鉴

1. EOD模式的发展阶段

EOD模式的目标是将生态环境治理带来的经济价值内部化，实现保护与发展融合共生。EOD模式强调生态引领，贯穿于规划、建设、运营的全过程，EOD模式分为3个阶段：

一是重构生态网络阶段。通过环境治理、生态系统修复、生态网络构建，为城市发展创造良好的生态基底，带动土地增值。这体现了对生态环境的保护和修复，为后续的城市发展提供了良好的生态基础。

二是城市环境提升阶段。在生态治理的基础上，通过完善公共设施、提高交通能力、优化城市布局、塑造特色等手段，提升城市整体环境质量。这一阶段关注的是城市环境的整体提升，包括城市的基础设施建设、公共服务设施建设、城市景观提升等方面，为后续的产业运营提供了优质的条件。

三是产业导入及经济发展阶段。在前两个阶段的基础上，通过产业导入、人才引进等手段，激活区域经济。这一阶段不仅关注产业的导入和发展，同时也关注人才的引进和培养，通过产业发展增加居民收入、企业的利润和政府的税收，实现自我强化的正反馈回报机制。

2. 相关案例

（1）梅州市蕉岭县的发展启示

梅州市蕉岭县在实施乡村振兴战略过程中，由于建设用地资源紧张，导致很多公共空间因缺少建设用地指标而无法建设。蕉岭县通过租赁、确权、回购等方式获得土地使用权，解决乡村公共空间用地供给不足的问题，推动了乡村公共空间的建设，同时提升生态环境和生活环境品质。

重构承载空间。蕉岭县针对辖区内各地区低产、土地闲置的情况，依托土地租赁，因地制宜整合土地资源，打造农民自家的"后花园"。如新铺镇按照当年一季的稻谷价格承租镇郊村留有的湖洋田后，在湖洋田中种植荷花，并在原来的水沟上修建栈道，建成开放游览的公园。蕉城镇租用溪峰河沿岸的滩涂地后，打造慢行系统，建设滨水休闲区和三彩田园区，成功打造旅游景点。采用以租代征的方式获得闲置土地使用权后再对其开发利用，在避免复杂产权变更手续的情况下充分利用闲置资源，不仅提高了农户土地收益，还新增了乡村公共活动空间。

提升乡镇环境。按重点突出、梯次推进的思路，深度挖掘蕉岭县新铺镇作为千年古镇所拥有的历史文化特色元素，实施"山水人居·十村联动"工程，提升整治区域内4片重要节点区域的乡村风貌，建设农村"四小园"、新铺古驿道、下南传统村落，修缮红色革命旧址遗址，积极构建客家特色的乡村风貌示范带，营造干净整洁、人文和谐的乡村风貌。同时，依托丰富的古镇文化资源和浓厚的传统商业氛围，抓住乡村振兴、美丽圩镇建设和农村人居环境整治等有利契机，加快建设宜居宜业和美乡村，在石窟河及石扇河两岸、新铺镇区周边等门户地区，形成两个农房风貌提升与塑造项目，建设了蕉岭（新铺）乡村振兴创业第一站、家和公园、滨水公园、沿河步道、圩镇特色商业街等系列项目，成功打造新铺特色建筑，构建"山—居—田—水"错落有致的客家村落格局，创建AAA级景区。

赋能产业发展。蕉岭县新铺镇帮镇扶村工作队在巩固提升脱贫攻坚成果基础上，科学谋划乡村振兴，深入调研并策划了"1+6+N"产业体系构想，即以镇管国有企业为产业核心，整合当地资金资源，借助帮扶力量发展光伏、辣椒、丝苗米、食用菌、矿泉水、南药六大产业，建立完善新型村级合作社体系，以产业融合推动撂荒地复耕、土地托管流转、农机服务现代化等工作，打造既可独立发展，又相互推动、优势互补的可循环、可持续的产业发展体系。

（2）韶关市的绿色矿山建设发展启示

韶关市地质构造特殊，矿产资源丰富，被称为"有色金属之乡""中国锌都"。韶关市曾经是华南地区的重工业基地和原材料产地，也是我国第一颗原子弹的铀原料的主要产地。韶关市在为国家经济发展及国防建设作出重大贡献的同时，也面临着矿山生态环境遭到一定程度破坏、土地资源被占用、水土流失等问题。目前，韶关市在打造绿色矿山建设示范点方面，采取了以下措施：

废弃矿山采用综合治理方式。在韶关市自然资源部门的引导下，凡口矿实施了"三位一体"的生态修复模式，包括在尾矿库建立生态湿地公园、在地面建设矿山公园、在地下建立帷幕坝截流治水。这一综合治理措施不仅解决了凡口矿的生态环境问题，还为群众打造了一个集休闲、游览和科普于一体的场所。过去被视为"生态短板"的凡口矿，如今已转变为"生态样板"。近年来，凡口矿荣获了"国家级绿色矿山""广东省绿色矿山"称号，并在2019年入选了"广东省国土空间首届生态修复十大范例"。

把废渣"榨尽"变为有益资源。位于仁化县的凡口矿场目前已经形成一套成熟的绿色开采和环境治理技术，基本可实现废气、废水、废渣零排放的"无尾开采"方式。在废水循环利用方面做到了87%以上的循环利用率，剩下的经处理达标后超低值排放。矿区废渣利用智能分选系统将废渣中的矿石和废石有效分离，其中矿石进入选矿厂，废石则做成优质建筑材料，尾砂填充到地下采矿场，有效预防地下采矿场可能出现的地表塌陷问题。凡口矿场利用废石生产的建筑材料已经达到国家一级建材标准，废渣变成了可利用资源。

"生态+社会经济效益"有机融合。韶关市南雄市红砂岭综合治理工程是广东粤北南岭山水林田湖草生态保护修复试点工程之一，总治理面积为35 700亩。自项目开展以来，南雄市已完成水田垦造6 000多亩，新增水田面积4 700多亩，形成水田指标交易价值近29亿元。经过生态治理后，南雄市自然资源局采取了由政府组织村集体统一流转土地的方式，引进了脐橙种植项目。通过"企业+农户+合作社"的运作模式，种植5 000多亩脐橙，实现了"红沙漠变成绿洲"的转变，走出了一条生态效益和社会经济效益有机融合的可持续发展之路。

（二）都杨镇以EOD模式唤醒"沉睡"资源的规划实践

依据都杨镇的区位条件、资源禀赋、环境承载能力、产业集聚条件、民俗文化形态、社会治理现状等因素，对全镇乡村振兴做出阶段性谋划，确立以EOD模式为战略导向，明晰发展路径，细化实化工作重点、政策措施、推进机制，强化乡镇党委在推进乡村振兴中的作用，做到巩固脱贫成果，完善乡村基础设施和补齐公共服务短板，推进乡村产业振兴，确保都杨镇乡村振兴战略有效实施。

1. 都杨镇概述分析

（1）基本情况

都杨镇位于广东省云浮市云安区东部，下辖2个社区居委会、20个村委会，截至2021年末，户籍总人口约5.6万人。都杨镇内有西江一级陆河航道、南广高铁云浮东站和汕湛高速公路，水陆交通便利。近年来，都杨镇第一产业总产值以每年5%的速度增长，特色农产品有冬瓜、肉桂、竹笋、火龙果等，全镇肉桂种植面积约5 000亩。2020年，都杨镇辖区全年实现规模以上工业总产值43.94亿元，同比增长22.09%。市级工业园——佛山（云浮）产业转移工业园主导产业为汽车零配件生产、信息技术和生物医药制造，省级重点建设电力工程项目广东华润西江发电厂正在建设中。

（2）特色资源

都杨镇东南西三面环山，北临西江。镇域河流水系较发达，拥有一江三河一水库。都杨镇拥有丰富的花岗岩、高岭土、铁矿等矿产资源，已开采矿区面积约2.3平方千米。都杨镇林地面积为18 860.08公顷，约占镇域面积的3/4，主要为生态林和经济林，经济林种植肉桂、桉树、竹子等。此外，还有东山森林公园、凤凰山森林公园、五爷山森林公园、大洞水库湿地公园等多个森林公园和湿地公园。都杨镇具有较深厚的历史文化底蕴，渔耕文化、龙母文化传承已久，红色革命文化更是丰富，被誉为西江"小延安"。

（3）土地利用

镇域面积253.04平方千米，其中，农用地面积226.68平方千米，占镇域总面积的89.58%。农用地中，林地面积约占83%，耕地面积占比不足7%。经调查，都杨镇可恢复类耕地在2018年土地变更调查中为耕地的有442.34公顷，反映了都杨镇农业结构调整规模大，大量耕地已改为园地、林地。此外，分布在谷壑中的耕地因缺水、贫瘠等问题，出现较严重的弃产、丢荒现象。都杨镇建设用地总面积约2617.01公顷，其中宅基地面积和采矿用地面积两项占比达到40%。农村宅基地面积约489公顷，按广东省"山区每户宅基地不得超过150平方米"的规定，都杨镇宅基地超标面积较大。依据最新卫星影像图、都杨镇"房地一体"宅基地和集体建设用地测量数据，都杨镇农村宅基地复垦盘活潜力面积达到98.529 1公顷。

（4）发展思路

都杨镇以盘活"沉睡"的土地资源、矿山资源为基础，采用EOD模式，重塑生态基底、优化国土空间，以绿色产业、绿色矿山建设为支撑，采取三产融合发展、实施品牌战略等方式，促进乡村振兴战略实施，实现资源价值转化（图6-3）。

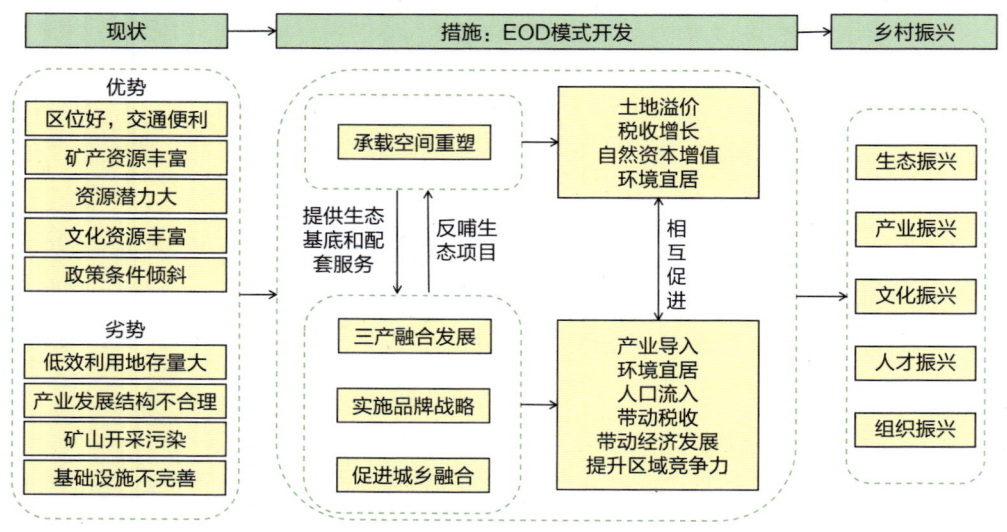

图6-3　都杨镇基于EOD模式的乡村振兴路径

2. 生态修复与保护利用

（1）矿山综合治理

截至2022年，都杨镇开采许可证已到期的矿山有7家，后续等待剩余4家已发矿山开采许可证的矿山到期后将不再续签，转为以矿山治理为主，致力于停采矿山修复。依据《国务院办公厅关于鼓励和支持社会资本参与生态保护修复的意见》、广东省自然资源厅发布的《关于鼓励和支持社会资本参与生态保护修复的实施意见》要求，查清可实施生态修复潜力，制定废弃矿山修复与利用方案，并纳入云安区国土空间生态修复（土地整治）专项规划。通过停采矿山生态修复和环境综合治理，盘活镇内大量闲置建设用地指标、修复因矿山开采损毁的土地、稳定提升地区生态功能、改善村民生活居住环境、因地制宜开发生态旅游项目。

（2）打造绿色矿山示范区

都杨镇观音山矿区建筑用花岗岩矿项目是广东省在建年产规模最大的建筑用砂石骨料项目，该项目落成后将成为砂石行业大型绿色矿山先行示范项目。依托此项目，都杨镇将树立"绿色砂石""智慧矿山"新名片，助推打造省级绿色矿业发展示范区，为珠江—西江流域经济带和粤港澳大湾区建设提供强有力的支撑。2022年，都杨镇已顺利完成绿色矿山观音山矿区5 500多亩土地和牛栏坑矿区2 000多亩土地的租地工作，为绿色矿山项目落地提供保障。

（3）构建生态安全格局

按照西江流域一盘棋、全流域一体化思路，优化沿江生态生产生活空间布局，着力构建生态安全格局，抓好流域水污染治理，建立更加紧密的联防联控机制。衔接好广东省、云浮市、云安区对西江流域的生态环境安全布局，落实好广东省西江干流治理工程在都杨镇的安排。着眼保障江边、河边生态安全，打造防洪防涝的都市农业景观。完善各河涌的水利设施建设，统筹推进西江、珠川河、大涌河、南山河的防洪防涝安全体系建设。

3. 优化土地使用结构

都杨镇通过腾挪用地指标、盘活用地资源和易地搬迁优化村庄布局来提高土地利用效率，对停采矿山进行生态修复，结合广东省西江干流治理工程，对都杨镇的生态基底进行重塑。厘清废弃矿山的建设用地指标，调整建设用地指标并加以利用，解决历史遗留的村民留用地问题、项目开发的土地利用矛盾等；统筹村庄的自留建设用地指标，用以发展规模产业，提高建设用地的经济产出；对偏远山区的村民进行集中安置，对搬迁后的村屋进行拆迁复垦，腾出建设用地指标用作产业发展（图6-4）。

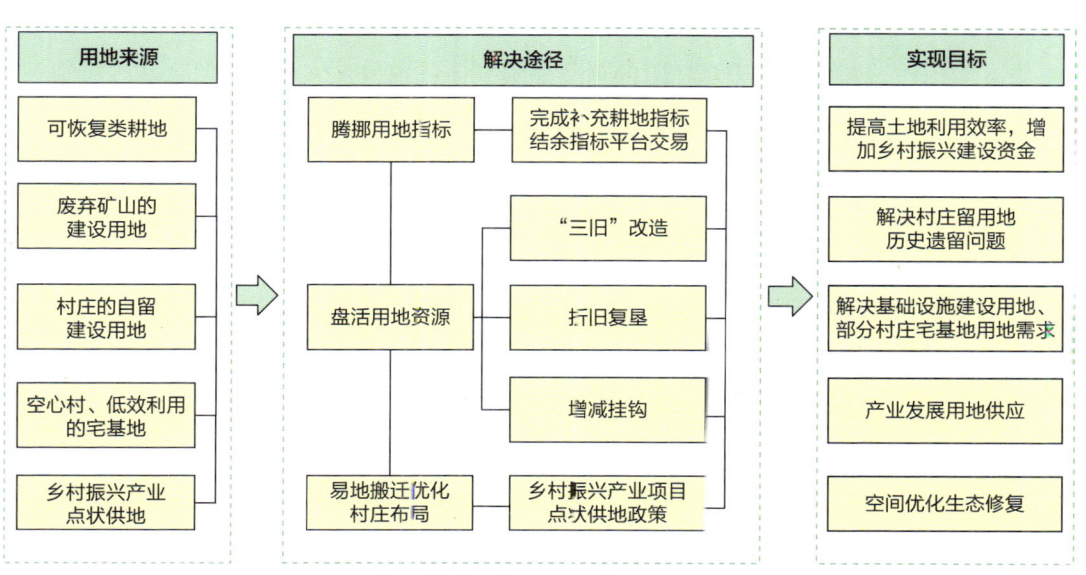

图6-4　都杨镇盘活闲置、低效用地的路径分析

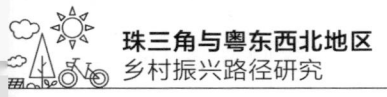
（1）腾挪用地指标

腾挪停采矿山的建设用地指标，调整建设用地指标并加以利用，解决历史遗留的村民留用地问题和项目开发用地指标缺口问题。此外，对偏远山区的村民进行集中安置，对搬迁后的村屋进行拆迁复垦，腾出建设用地指标用作产业发展。

（2）盘活用地资源

针对目前都杨镇宅基地用地效率低下的问题，摸清一户多宅、空置废弃住宅情况，采用"三旧"改造、拆旧复垦、增减挂钩等政策工具，盘活低效用地。

"三旧"改造。对景观资源丰富且现存建筑具有特色风貌的低效用地，采用微更新的方式，加固建筑结构，提升建筑风貌，纳入集体经营性建设用地范围，打造民宿、特色民俗风情街区等旅游配套设施。

拆旧复垦。对建筑质量差、交通不便、周边配套设施落后的低效用地，采用拆旧复垦的方式，因地制宜复垦、复绿为耕地或其他农用地，结余指标交易费用用于平衡建设成本、补偿成本及乡村振兴建设工程费用。

增减挂钩。对建筑质量低下、靠近镇中心或集中连片建成区的低效用地，采用增减挂钩的方式进行拆旧建新，腾退土地空间用于新村选址，解决宅基地用地需求及历史遗留问题。

（3）易地搬迁优化村庄布局

大乐村、南山村位于都杨镇的东南部山区，位置偏僻，交通不便，基础设施不完善，村民人均收入水平低，绿色矿山产业发展对村庄发展存在负面影响，建议整村集体易地搬迁至云浮新区。搬迁至云浮新区可享受更优质的文化教育、医疗卫生等服务，有助于提升村民的收入和幸福感。

4. 产业融合发展

（1）打造绿色矿山产业园

发挥矿产资源优势，打造绿色矿山产业园，发展"矿山+"新产业，实现三产融合，打造绿色矿山示范小镇。将矿山开采与港口航道运输相结合，充分融合矿产资源与水资源优势。利用已停采矿山发展矿山光伏业、矿山农业、矿山旅游业。2022年，中国电力建设集团投资超100亿元对都杨镇的矿山进行绿色开发。该项目是都杨镇践行绿水青山就是金山银山理念，优化发展路径，转换发展新动能的重点建设项目，将有力推动都杨镇城乡高质量发展。

（2）"三色文化"融合发展

结合红色文化资源、蓝色西江文化资源和绿色生态文化资源，深挖红蓝绿三色文化内涵，发展休闲文化旅游项目，将其串联成精品线路。

打造爱国主义教育基地。以红色文化为线索，以中共三罗组织革命活动旧址荣昌堂为核心，串联麦长龙故居、云北会师旧址黄氏宗祠、桃坪村革命史迹陈列室、都杨革命烈士纪念碑等红色文化资源，打造都杨爱国主义教育基地，参考井冈山爱国主义教育基地的模式，设计红色文化体验课程，体验"红军的一天"活动、红色农家乐等项目。

打造滨江渔耕文化体验带。依托生态优美的西江，挖掘渔耕文化和龙母文化，以蟠咀村委会湾边村民宿和降水村龙母祖庙为重点，以降水沙滩、降水古码头、金鱼沙沙滩等为支点，串联渔耕、龙母文化资源，打造都杨特色滨江渔耕文化体验带。

打造运动康养旅游目的地。结合绿色矿山、水库、湿地、瀑布、溪流等生态山林资源进行旅游开发，打造矿山公园，植入矿坑酒店、乡村民宿等业态，以及串联现有樱花主题乐园等旅游项目，打造运动康养旅游目的地。

（3）都市观光农业开发

以都市农旅促进三产融合。将云浮新区周边乡村农田打造成农业观光景观带，以各村农业资源为依托，培育多个新农人，借助科技、相关辅助设施等形成集旅游观光、科普教育、农耕体验以及休闲娱乐功能于一体的综合型景观带。

（三）以EOD模式唤醒"沉睡"资源路径研究

1. 生态空间重塑与生态文明建设

（1）生态空间修复与环境治理

生态环境综合治理。通过对废弃矿山生态环境开展综合治理，进行地貌重塑、土壤重构、植被重建、景观重现、生物多样性重组与保护，实现矿区及周边生态环境的整体保护、系统修复、综合治理。

水污染治理与岸线修复。优化区域范围内的水系流域生态环境，同时衔接好上位规划流域的生态环境安全布局，落实好城乡污水处理设施建设、河流岸线保护、水源林养护。

建设生态廊道网络。通过生态环境整治修复，建设生态网络，为乡镇发展创造良好的生态基底。

（2）全域土地综合整治

腾挪建设用地指标。针对停产废弃矿山和乡村普遍存在的闲置宅基地等低效用地等问题，采用全域土地综合整治的方式，在对整治区域进行详尽现状摸查基础上，对老旧、闲置、分散住宅进行原地改造或拆旧复垦，通过建设用地整治、建设用地增减挂钩、低效用地减量腾挪等方式，为乡镇发展腾挪建设用地指标，破解乡村振兴用地难题。

促进生态资源的价值转化。一方面，在全域土地综合整治项目实施前，对试点区域的资源要素进行全面调查，建立并利用模型评估核算资源价值，借助政策和交易平台实现价值转化，变现后的资金直接用作全域土地综合整治的项目周转资金。另一方面，项目实施中或实施后，通过农用地整理、建设用地整理、乡村生态保护修复和历史文化保护等措施，有效解决整治区域耕地碎片化、国土空间布局无序化、土地利用效率低效化、生态系统退化等问题，在空间布局优化、资源数量增加、质量提升的基础上，重点对试点区域整治（修复后）的资源，如新增耕地、新增建设用地、新增碳汇量、清洁水体、文化遗产等展开调查，通过价值评估和转化，形成的资金将投入乡村振兴的进一步发展中。

（3）创新生态文明建设

树立综合治理理念，从"山水林田湖草沙"生命共同体角度，"全方位、全地域、全过程开展生态文明建设"。落实《中共广东省委关于深入推进绿美广东生态建设的决定》部署，立足生态资源禀赋，发挥林长制的牵引作用，以建设森林公园、绿美云径、绿美江道、绿美通道为切入点，高质量实施森林质量精准提升、城乡一体绿美提升、绿美保护地提升、绿色通道品质提升、古树名木保护提升和全民爱绿植绿护绿六大行动，营造全民爱绿植绿护绿兴绿的良好氛围。

2. 基础设施建设与城市环境提升

（1）加大基础设施建设力度

在EOD模式下，加大基础设施建设的力度，可以吸引更多的投资和人才进入区域，促进经济发展。通过加大基础设施建设力度，包括修建高速公路、铁路、桥梁等交通设施，以及建设水务、电力等基础设施，为区域内的产业发展提供良好的条件。同时，这些基础设施也可以为生态环境治理提供必要的支持和保障，确保项目实施的质量和效果。

（2）完善配套设施

在EOD模式下，配套设施建设是实现城市可持续发展的重要组成部分。通过完善配套设施，包括建设文化体育、物流处理、公园绿地、垃圾处理和污水处理等设施，以及提供便捷的公共交通和公共服务，为区域内的居民提供良好的生活环境。完善的配套设施，可以提高城市的吸引力和竞争力，吸引更多的人才和投资进入区域，促进经济发展。

（3）完善"软件"设施

在EOD模式下，完善"软件"设施是实现城市可持续发展的重要组成部分。通过提升城市管理水平，可以优化城市空间布局、提高城市交通效率、加强城市环境卫生管理等；通过优化公共服务可以提升居民的生活质量，提高城市的教育、医疗、文化、体育等服务水平；通过推动科技创新可以增强城市的创新能力和竞争力，促进产业升级和发展；通过加强文化传承可以保护和弘扬城市的历史和文化，增强城市的凝聚力和居民的认同感。

3. 新产业导入与产业转型升级

（1）依托资源禀赋导入新产业

发展绿色产业。在EOD模式下，需要依托地方的资源禀赋进行新产业的导入，如绿色矿山产业、风电和光电产业等，新型产业的导入是促进区域经济发展和提升区域竞争力的重要手段。在EOD模式下，可以通过合理布局风电和光电产业和优化能源结构，实现发电产业的绿色化和高效化。同时，可以将新产业的收益重新投入乡村振兴工作中，为后续的发展提供资金支持。

对闲置资源进行综合利用。利用闲置的资源，拓展其他相关的功能，进行综合利用。如停产矿山，在进行生态修复后，转型升级发展"矿山+"产业，可结合种植业、渔业、养殖业、文旅业等对矿山进行新的利用。

（2）促进一二三产业融合

积极发展农林产品深加工。通过农产品精深加工、构建特色农产品产供销一体化发展模式、完善联农带农机制并扩大其范围等方式，建设农产品展销平台、数字化农业平台、科技农业研究中心等，实现一二产业融合发展。

积极拓展文旅产业。将镇区周边适宜发展的农田打造成农业观光景观带，依托农旅促进三产融合。同时深挖地方特色文化，利用地方特色文化串点成线、以线带面，依托某个或某几个重大特色项目点作为区域文化的亮点，将地方特色文化与旅游活动相结合，创造出更多的旅游产品，并建立良好的旅游服务体系，激发区域的文化活力、旅游活力，带动产业发展，提高地方经济收益。

（3）联合高校、企业等资源优势，培育本土人才

联合区域内或周边的高校和企业，采用校地共建、企地共建等形式，建设高校和企业服务乡村振兴的区域示范基地，既为地方培养了本土人才，又吸引了外

来人才进驻。同时建立人才驿站和新农人培养基地，培养一批智慧型、技术型的新农人，助推地方实现人才振兴。人才驿站要做到有场所、有人员、有经费，准确把握政策和方向，谋划建立相应工作机制，充分发挥人才驿站在促进各类乡村人才培养、引进乡村产业人才、人才服务工作中的作用。

（四）结论与启示

都杨镇通过生态整治和盘活低效用地，唤醒"沉睡"的生态及土地资源，以EOD模式为开发策略开展了三方面工作：一是进行生态修复与保护利用，通过矿山综合治理、打造绿色矿山示范区和构建生态安全格局，为都杨镇乡村振兴发展提供优质生态基底。二是优化土地使用结构，通过腾挪用地指标、盘活用地资源和易地搬迁优化村庄布局，提高都杨镇的土地利用效益，为都杨镇乡村振兴发展提供用地保障。三是推进产业融合发展，通过打造绿色矿山产业园、"三色文化"融合发展和都市农业观光开发，引入产业，实现了三产融合发展，打造都杨镇特色品牌，有效促进都杨镇城乡融合发展，进一步促进乡村振兴发展和高质量发展。都杨镇采用EOD模式推进生态修复与土地高效利用，促进了乡村生态价值的转化，推动了乡村振兴战略实施。都杨镇在未申报试点的情况下，主动以EOD模式开展工作，项目成效逐渐显现。

现阶段，EOD试点工作仍在不断推进中，当前EOD模式还不够成熟，存在一定的风险，如行业跨度大、政策支持不够完善、土地开发风险大、土地开发收益政策不明确、关联产业导入收益不确定、生态环境及经济效益见效周期长等。因此还需要进一步总结可复制、可推广的经验，进而通过推广EOD模式，早日实现"绿水青山就是金山银山"。

（陈灿文）

四、石滩镇：以全域土地综合整治推动乡村振兴

新时期背景下，全域土地综合整治是全区域、全要素、多手段、多目标的土地综合整治工程，是实现土地集约高效利用、推动区域土地资源最优配置的有效途径，也是助推乡村高质量发展的重要抓手。在促进区域乡村振兴与城乡融合过程中，如何充分利用好全域土地综合整治工具，全面推进土地优化配置、乡村生态文化保护及其资源价值显化至关重要。城郊镇是具有田园景观并为城区服务的

农副业经济区，有着天然的区位优势，承载了城区生产生活功能的外溢和辐射。但由于大城市郊区城乡用地交错、市场投资活跃，土地利用结构变化速度快，因而城郊镇往往呈现出用地功能混杂、空间布局无序、文化传承衰弱、环境品质退化等特征，乡村特色价值流失较为严重。随着城镇化下半场进程推进，城郊乡村将成为极具活力的区域，将在新型城镇化中发挥重要作用[21]。

广州市增城区石滩镇位于大都市郊区，是2022年广州市唯一的省级全域土地综合整治试点，该镇区位优势显著、产业基础雄厚、生态本底优渥、文化资源丰富，但目前整治区（石滩东岸）存在土地利用低效、企业发展用地制约、空间布局与产业发展不相匹配、生态价值转化率低等系列问题。石滩镇充分把握试点机遇，以全域土地综合整治为手段，优化国土空间布局，破解区域城乡融合发展用地瓶颈，助推生态产品价值转化，探索出了一条高质量、高水平的石滩镇发展路径，可为城郊等地区的乡镇建设提供参考借鉴。

（一）全域土地综合整治内涵

1. 基于多元性、综合性、全域性特点，实现多重战略目标

土地整治作为一项政策工具和实施平台，通常被用于协调和破解经济社会发展与土地利用矛盾，是农业、农村与区域发展的重要推动力[22]。传统土地整治以土地为特定整治要素、以增加耕地数量为主要目标，实施手段较为单一、成效较低。全域土地综合整治是土地整治的高级阶段，涉及土地、经济、生态、人口等多元素活动，具有涉及面广、任务量大、参与主体多、政策性强等特点[23]，相较于传统土地整治而言，全域土地综合整治已由最初的耕地补充逐渐向目标多元化、实施模式多样化、效益综合化的综合性国土空间改造转变。

全域土地综合整治的核心是以全域统筹为视角，以土地资源要素流动、土地异地置换为路径，缓解阻碍区域发展最核心的用地困境，推动实现等量低效土地价值提升、土地利益格局重构、土地空间布局优化。在对农用地、建设用地进行整治的同时，全域土地综合整治注重对区域的生态修复与文化挖掘、保护，以便最终实现区域耕地保护、土地集约利用、生态文明建设等多重战略目标。

2. 通过空间保障与价值提升，赋能乡村振兴

随着城镇化进程推进，城市的"虹吸效应"使得乡村劳动力流失严重，乡村普遍存在土地资源闲置、土地要素配置失效、乡土文化湮没等问题，乡村经济产业难以发展壮大。全域土地综合整治以科学规划为前提，以农用地整理、建设用

地整理、乡村生态修复和历史文化保护为基本整治任务，致力解决乡村"四化"（耕地碎片化、空间无序化、产业低端化、生态功能退化）问题，进而促进乡村生产、生态、生活空间优化，为乡村振兴提供空间保障。

全域土地综合整治可突破乡村地域边界，以乡村组团为整治单元，在整治范围内进行资源统筹配置，整合乡村低效闲置用地，以"存量"换取"增量"，同时，整治工程将充分挖掘、展示乡村文化与生态资源特色，引导资金下沉，实现乡村特色资源价值转化。

全域土地综合整治通过整合土地利用要素、重组土地利用结构、优化土地利用功能、提升土地利用效益，并注重乡村生态文明建设，促进了乡村地域空间重构、功能重建、价值重塑，强力推动乡村振兴与区域高质量发展（图6-5）。

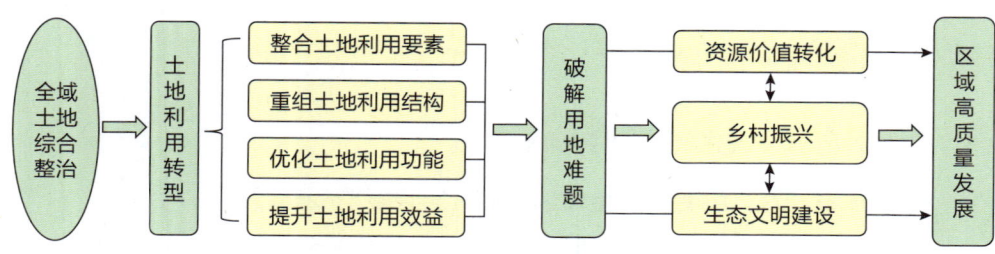

图6-5 全域土地综合整治与乡村振兴关系

3. 以试点探索为契机，完善科学理论与实践体系

为大力推进国家乡村振兴战略部署，自然资源部于2019年下发了《关于开展全域土地综合整治试点工作的通知》[22]，其中浙江省、广东省为整治试点典型省份。各省试点的探索证明，土地整治的发展与成熟得益于科学的理论指导，其整治实践的成功需要政府机构、社会主体及公众的多元参与，需要与现行土地政策充分衔接，并加强政策机制创新。新时期背景下，面向共同富裕、生态文明建设、碳达峰碳中和、人与自然和谐共生等现实需求，我国需以全域土地综合整治试点为契机，加快构建完善全域土地综合整治科学理论与实践体系。

（二）石滩镇全域土地综合整治的规划实践

1. 石滩镇概况分析

增城区石滩镇位于粤港澳大湾区核心区域，地处穗莞惠三地交界，属典型的大都市城郊镇，地理区位十分优越。镇内设有铁路增城西站、高铁增城站，且广汕高铁、济广高速、珠三角环线高速、花莞高速、省道S379线和省道S256线等多条交通要道穿过镇域，交通优势显著。石滩镇全域土地综合整治试点范围位于镇域增江东岸，与镇中心隔江相望，是镇域经济发展相对缓慢区。

（1）资源条件

用地条件优越，生态本底良好。石滩镇位于珠江三角洲冲积平原，处东江北干流、增江、县江河"三江汇合"之地，地势平坦、土壤肥沃、适合农业生产发展。整治区域水系资源丰富，水网纵横、鱼塘密布、良田万亩，形成农田与河流交织相伴、蓝绿交融的生态格局。

远古文明发源地，文化底蕴深厚。整治区域拥有金兰寺贝丘文化遗址，是广州市至今发现年代最早且尚存的唯一一处史前贝丘遗址，也是华南地区发现最早的人类骨骸遗址。2021年，金兰寺贝丘文化遗址成功入选"广州考古百件文物精品与十大重要发现"，遗址具有较大的文化价值。此外，整治区域内古庙、书室、祠堂、炮楼、古树等历史文化资源丰富，本土人文气息浓厚。

产业辐射腹地，发展蓄势待发。整治区域内现有省级现代农业产业园2个，农业现代化发展势头强劲。依托荔三公路形成了荔三经济带，沿线以传统制造业为主，北部有高端食药品产业园，产业发展基础良好。整治区周边5千米内分布有挂绿新城、增城低碳总部园、前海人寿广州总医院等经济中心与高端企业，周边产业巨头林立，是广深地区产业、技术和资金外移的直接腹地。

（2）发展问题

洪涝风险和水污染问题。一方面，石滩镇河网纵横，地势低洼，且临近南海，雨量充沛、雨水容易汇集。另一方面，整治区雨水口收水能力不足，外围排水沟严重淤塞，影响排涝能力，整治范围内洪涝风险隐患较大。此外，因工农业污染，水生态系统遭受了一定程度破坏，部分河涌如白芒涌、两头涌等水质为劣Ⅴ类。

文化资源未充分利用。整治区内金兰寺贝丘文化遗址考古价值较高，开发潜力大，但目前尚未得到充分挖掘与利用。金兰寺村历史古建筑资源丰富，但多数处于闲置状态，缺乏修缮维护。整治区内各文化要素亟须整合，文化资源能量尚未释放。

用地与产业发展问题。整治区内建设用地结构松散，老旧闲置住宅较多，空心村问题突出，且村级企业用地分散，土地利用效率低下，区内高端企业、产业集聚平台发展用地不足。整治区毗邻莞、惠两市，但对外交通通达性不高，交通布局与产业发展不匹配，致使石滩镇未能与周边发达城市形成产业联动。

区域内乡村发展后劲不足。特色资源价值转化率低，各组团联系、城乡互动较弱，未能充分发挥承接大都市外溢的"蓄水池"作用。

（3）发展机遇

多重战略机遇。石滩镇地处粤港澳大湾区几何中心，被纳入广州东部中心规划范围，是穗莞深港科技走廊与珠三角"黄金走廊"重要节点，享受"双区"建设、"双城"联动政策叠加红利，拥有衔接穗深产业、高端要素资源的独特区位优势。

先行试点机遇。石滩镇所在的增城区被确定为国家城乡融合发展试验区——广清接合片区（县）之一；广州市增城区城乡融合示范区增江东岸专项试验区（石滩镇）全域土地综合整治省级试点项目被列为以乡镇为实施单元的省级试点。石滩镇是改革试验先行地，具备试点先行、改革创新的政策机遇。

时代发展机遇。新时期生态文明建设是发展的根本遵循，乡村振兴、区域高质量发展、文旅融合的时代背景等，均为石滩镇丰富的生态、文化资源价值显化提供发展机遇。

2. 构建"三生"融合格局，促进价值转化

基于现状与发展分析，构建系统整治思路：以生态文明为导向，以促进产业发展为核心，以特色资源价值转化为重点，整治形成生产空间高效、生活空间优美、生态空间充足的"三生"空间合理配置、功能互补、有效融合、互为支撑的城乡格局，助力整治区域乡村振兴，推动全镇高质量发展。

构建"三生"融合格局。以生态文明为导向，突破以交通为发展轴的传统发展模式，立足整治区域生态资源本底，构建起围绕生态板块布局生活、生产的共生组团（图6-6），实现地域生态资源共建、共享、共治，促进"三生"融合。

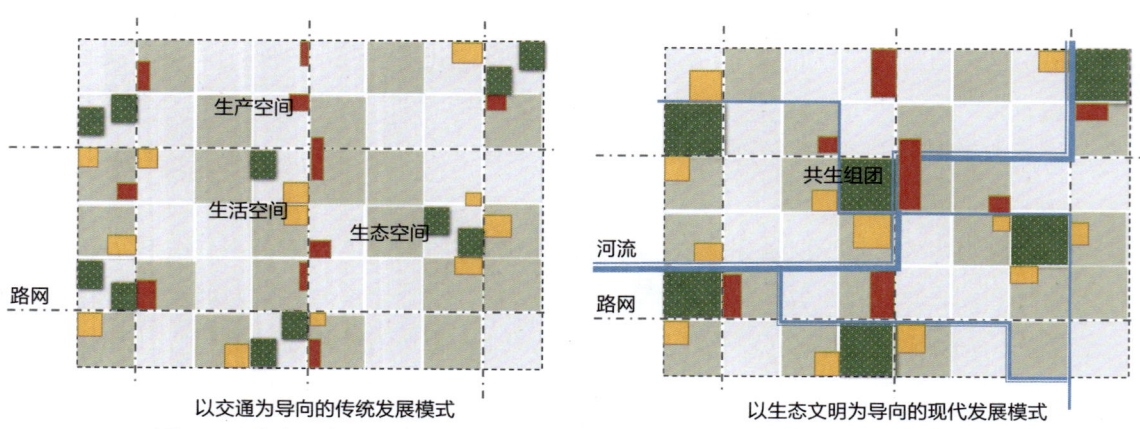

以交通为导向的传统发展模式　　以生态文明为导向的现代发展模式

图6-6　以交通为导向的传统发展模式与以生态文明为导向的现代发展模式对比

同时加强生态修复与建设，保障生产空间与生活空间效用的发挥。

优化生产生活空间。整治低效闲置生产生活空间，通过原地改造提升或异地空间置换，推动土地资源要素流动，为整治区域产业集聚发展平台与高品质生活圈建设腾挪空间，促进生产空间高效利用、生活空间品质提升。

促进资源价值转化。挖掘并保留特色生态、文化资源，推动特色产品供给，同时引入社会主体参与，以运营前置的思维，多途径拓宽价值转化通道。

3. 顶层设计引领：精准把握战略布局，谋划多元发展动力

紧紧围绕东部中心门户的高标准定位，以"东部门户、智造高地、都市田园、幸福石滩"为发展愿景，坚定不移地走"产业强镇、生态文明、文旅振兴"之路。规划将整治区域打造成以健康科技为引擎的三产融合新平台、引领都市田园生活方式的乡村农文旅目的地、区域城乡融合发展的创新模式试验区。

强化石滩镇的广州东部中心门户枢纽功能，对接周边活跃的产业要素，打通石滩镇与莞、惠及广州城区的产业要素流动通道，积极谋划"两核三轴一带六组团"的空间发展格局，构建三大产业发展轴线、打造四大产业平台，规划产业发展强力引擎；同时立足整治区域资源优势，策划石滩镇精品旅游方案，打造以贝丘文化为核心的文旅融合重点项目，助推乡村特色产业发展。

4. 多模式差异化整治，推动资源价值最大显化

（1）农用地整治提升模式

农用地整治是在严守基本农田保护红线基础上，充分挖掘农业生产潜能，拓展农业多重功能。首先，通过整治零散耕地，提高耕地集中连片程度，推进高标准农田建设，以优化农业生产条件、保障粮食安全、促进优势农产品生产及高新农业产业落地，进而横向提升农业产能，夯实农业发展基础。其次，在整治中充分考虑拓展农用地功能，纵向延伸石滩镇农业产业链，提高农业本位价值。最后，规划通过农用地整治，推动整治区域生态农场、智慧农园、大地艺术园、农耕体验等特色项目落地，打造都市农文旅目的地。

（2）建设用地整治提升模式

建设用地整治主要目标是减量提质低效用地、集聚发展高效用地、保护特色文化空间。对低效闲置生产生活空间进行整治优化，通过原地改造提升或异地空间置换，优化区域生产生活空间布局，促进生产空间高效利用、生活空间品质提升。优化生活空间，对石滩镇东岸零散、闲置、废弃宅基地进行拆旧复垦，相对集中布置生活空间，创建宜居、宜业、宜游、宜养、宜学的社区共同体，配套高

质量公共服务设施，实现城乡公共服务均等化。整治生产空间，对石滩镇东岸零散、废弃的低效工业用地进行升级改造或拆旧复垦、复绿，在交通要道两侧集中建设产业发展平台，破解企业落地难题，为产业高质量发展腾挪空间。保护特色文化空间，重点保护贝丘文化遗址所在地——金兰寺村，对古建民居进行整治修缮，建设贝丘文化遗址公园，打造贝丘文化特色小镇。同时，挖掘保护东岸内其他文物资源点，进行地域文化资源整合联动，将各点状文旅要素串点成线，并配套新增文化长廊、木栈道、观景平台、旅游驿站等旅游服务设施，打造高品质、强品牌的石滩镇东岸全域文旅格局，为石滩镇特色文化塑形塑魂，将特色文化资源价值显化。

（3）生态环境整治模式

生态环境整治以生态文明为导向，通过生态基底修复与生态网络构建，塑造优质生态空间，推进生态价值转化。一是加强生态修复与建设。通过统筹石滩镇东岸山水林田湖全要素资源，进行生态整体保护、系统修复、综合治理。整治中重点解决水体污染及生态景观破碎化问题，对河道、湿地、绿地、古树名木等进行整治修复，调节生态功能失衡、提升生态景观价值。规划构建石滩镇东岸点—线—面结合的生态网络空间，基于现状打造四大生态湿地，塑造大型特色生态斑块；以水系为轴，推进三条江河沿岸生态碧道建设，提升生态景观连通性及可达性；以水系为脉，串联湿地景观、田园景观、区域文化节点等特色空间，构建独具水乡田园特色的景观风貌。二是促进生态价值转化。规划依托石滩镇区位优势和资源禀赋，聚焦粤港澳大湾区市场，以特色生态资源为基础，加快拓展价值转化通道。谋划石滩镇生态农业产业链，发展生态有机农业；通过整合区域田园景观、桑基鱼塘风貌和特色贝丘文化等资源，发展观光旅游、休闲体验、医疗康养等生态健康产业；在生态优良、交通便利的高价值区位，发展新经济和高端服务业，多途径拓展生态价值转化通道，推进生态效益向经济效益转化。

5. 引入社会主体，建立多方互动组织模式

石滩镇东岸全域土地综合整治工作开展初期，建立了"政府主导、部门联动、镇街主体、多方参与"的横向协作、多方互动的全域土地综合整治工作组织模式，成立了包含增城区各分局、石滩镇政府、社会企业、编制设计单位及当地村民在内的全域土地综合整治工作小组。通过积极引入当地社会主体，充分将社会资本的运营策划、品牌营造思维融入前期规划中，并引导资本参与全域土地综合整治的方案制定、工程施工、收益分配等环节，由企业作为主要出资方推动整

治工程项目建设，避免了整治工程项目过度依赖政府专项资金，缓解了项目建设的资金难题。

通过建立以城乡融合与乡村振兴为目标、政企合作为特征、多元主体参与的全域土地综合整治工作组织模式，利用多方主体优势，高效推动了石滩镇东岸全域土地综合整治进程。

6. 落实多规衔接，融合多元实施发展模式

石滩镇东岸全域土地综合整治实施方案以现有总体规划、专项规划、村庄规划等为参考依据，方案编制成果与最新国土空间规划相衔接，并统筹开展村庄规划编制工作，落实全域土地综合整治实施方案的目标任务、主要内容、空间布局等，将整治任务、指标和布局要求落实到具体地块。同时，实施方案结合了可行性研究报告、基本农田调整方案等，充分保障了后续整治实施方案与工程项目的有效落地。

石滩镇东岸整治实施模式融合了多元实施发展模式，以"城乡融合"发展模式推进石滩镇与周边区域的融合互动、以"现代农业"引领模式发挥石滩镇农业资源禀赋优势、以"乡村旅游"带动模式充分挖掘石滩镇特色生态文化资源、以"合村并居"开发模式创建石滩镇未来田园社区，多元模式融合路径推动了石滩镇东岸全域土地综合整治的高质量发展。

（三）全域土地综合整治助力乡村振兴路径研究

1. 通过突破行政边界局限，促进跨镇村联合发展

大部分村庄资源优势不明显，且不同村庄的资源禀赋、生产条件、发展水平等不尽相同。全域土地综合整治的跨镇村整治方式，能将多个镇村资源进行整合优化与统筹调配，跳出镇村边界进行用地结构与功能重组，这将有力推动镇村之间的资源共享、优势互补、产业联动、聚力发展，进而推动区域共同富裕。同时，通过整合镇村公共服务设施用地，为建设高质量、高水平的公共服务空间提供用地保障，有效推动城乡基础设施一体化发展。

2. 通过低效用地腾挪，助力乡村产业平台构建

产业振兴是乡村振兴的基础和关键，而产业平台是产业发展的重要利器。目前乡村普遍存在闲置宅基地等低效用地，通过建设用地整治、低效用地减量腾挪、增减挂钩等方式，可为乡村"新增"建设用地指标，破解乡村振兴用地瓶颈。结合乡村资源优势与发展方向，谋划建设农业现代产业园、农产品加工产业

园、新型科技研发基地等产业发展平台，增强乡村发展内生动力，为乡村全面振兴提供支撑。

3. 通过挖掘乡村特色资源，激活乡村资源价值

在全域土地综合整治工作中，应对乡村特色农业、生态、文化等资源进行保留与保护，对全域资源配置进行统筹与优化，实现特色资源的价值转化。拥有特色农业资源的乡村，应考虑农业的多元化、现代化、特色化发展，为乡村农旅项目提供发展空间，提高农业附加值。拥有特色生态资源的乡村，应注重生态整治修复工程，创造高品质生态空间，提高生态景观美学价值，打造生态旅游产品。拥有特色文化资源的乡村，应注重文化空间的保护修复与展示利用，统筹全域文化资源，形成文化资源的整体开发联动，研发乡村文化体验产品，推动乡村文化复兴与产业振兴。

4. 通过人居整治与公共服务导入，创建乡村高品质生活圈

在对整治区域进行详尽现状摸查基础上，对老旧、闲置、分散住宅进行原地改造或拆旧复垦，通过集中统筹安置，引入高质量、高水平、多功能的公共服务设施，促进城乡公共服务均等化，同时提高交通可达性，创建区域高品质生活共同体，将极大提高乡村生活品质与村民幸福指数。对于失去活力的废弃村庄、存在安全隐患的村庄或生态移民等村庄，可通过全域土地综合整治工程，对村庄进行整体拆旧、复垦、建新，既保护了耕地，也积极响应了国家宅基地制度的改革号召，同时保证了村民的安全与生活质量。

5. 通过引导社会资本参与，建立多元资金保障体系

目前全域土地综合整治工作面临过度依赖财政资金与垦造水田指标收益问题，资金来源单一、社会资本参与程度较低。引导社会资本参与土地整治与乡村振兴，推动形成"政府+社会资本+其他"的资金保障体系与利益联结共同体，是全域土地综合整治工作有序推动的重要途径，也是缓解乡村建设资金难题的有效手段。社会资本可参与全域土地综合整治的项目投资、建设及管理等过程，围绕生态产品开发、产业发展、科技创新、技术服务等活动获益，协助并参与后期乡村产业开发项目的实施，这也将有效保障乡村产业项目推动落位（图6-7）。

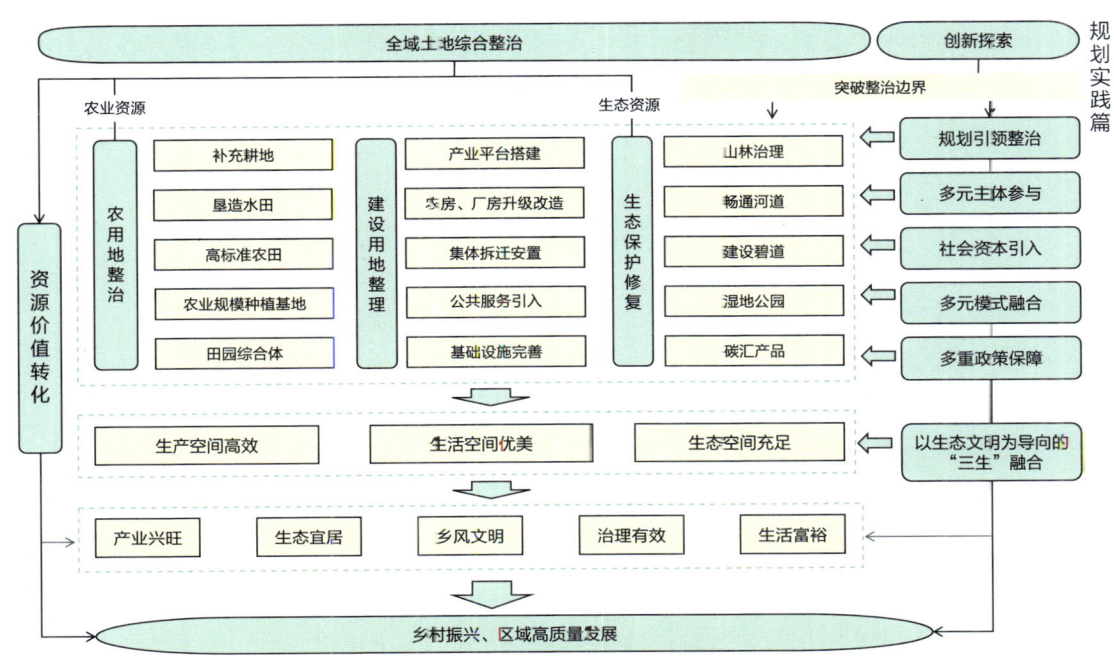

图6-7　全域土地综合整治助力乡村振兴及区域高质量发展路径

（四）结论与启示

全域土地综合整治通过全域资源统筹配置、建设用地整理、农用地整治、乡村生态修复和历史文化保护等手段，推动乡村空间重构、功能重组、价值重塑，促进乡村生产空间高效、生活空间优美、生态空间充足，是优化国土空间布局、提高土地资源利用率、促进乡村振兴的重要抓手。

石滩镇东岸全域土地综合整治的实践，可为其他土地整治及乡村振兴工作提供一定参考：①注重顶层设计，对整治区域进行精准定位与高位谋划。②以生态文明建设与产业增长打造为核心，充分挖掘区域特色资源，拓宽资源价值转化通道。③构建高品质社区共同体，推动城乡公共服务均等化。④与各项土地政策、相关规划做好充分衔接，构建多元主体参与及多方互动的组织模式。对于如城郊等用地矛盾突出区域，全域土地综合整治将成为区域高质量发展的重要推动力。

现阶段，全域土地综合整治试点工作仍在不断推进中，鉴于广东城乡差距显著，土地要素制约突出，建议未来全域土地综合整治工程加速全面铺开，积极吸取浙江省等地的成功经验，进一步加强政策体系与工作机制创新、探索社会资本参与运作模式、建立农村集体经营性建设用地入市平台等，让全域土地综合整治工程不断推动广东省乃至中国乡村的高质量发展。

（张庆霞）

五、 江东镇：以土地流转撬动多产融合发展

农业是国民经济的基础产业，农村土地是农业发展最基本的生产资料，土地问题是关系到农村发展的核心问题。而农村土地细碎化、经营分散化等问题一直被认为是抑制农业发展的重大障碍。我国处于城镇化稳定发展时期，保护耕地的压力越来越大，保障国家粮食安全的任务越来越艰巨。中共中央、国务院高度重视耕地保护问题，先后发布《中华人民共和国农村土地承包法》《关于引导农村土地经营权有序流转发展农业适度规模经营的意见》等关于农村土地流转的相关政策文件，明确提出应推进土地流转规范有序进行、平稳健康发展。

粤东地区处于广东省沿海经济带东翼，地形以低山丘陵为主。因人多地少，土地零碎分散，粮食生产量长期不足，加之部分农田因规模面积、耕种条件、青壮年劳动力不足等原因撂荒，影响了当地的粮食生产。因此，粤东土地经营权流转问题是农村土地问题的重要内容，是实施乡村振兴的重要突破口。在农村土地市场化的进程当中，推动土地流转，促进土地资源的有效合理配置和利用，可加快农业的现代化发展，是实现乡村产业振兴目标的重要举措。

江东镇是潮州市郊区的农业大镇，是省、市土地经营权有序流转实施试点镇。江东镇拥有优越的生态环境，农业机械化程度较高，乡村农业旅游初具规模；但存在土地碎片化现象显著，一二三产业融合程度较低等问题。以土地流转为工具，盘活土地资源，并逐步融合农文旅综合发展，是江东镇在实施产业振兴过程中创造的"样板"路径，可供广东省农业镇参考借鉴。

（一）土地流转内涵

1. 提高农村土地利用效率，确保国家粮食安全

农村土地承包经营权的流转，可使土地的资源得到最优配置，将极大减少农村撂荒土地现象，提升农业效益，激发农民的生产热情。通过土地流转，能够克服碎片分散式家庭经营局限，确保国家粮食安全供给这一重大战略性问题得到解决。

2. 实现土地规模经营，促进农业现代化

通过土地承包经营权流转，可使分散于各家各户的土地通过有偿、自愿和依法的原则，转让到农业大户和新型农业企业手中，加快农村土地规模化、农业机械化的进程，从而增加农业的生产效益，有利于粮食增产，实现人、土地和物资的合理配置，极大促进农业现代化[24]。

3. 优化农村产业结构，推动城乡一体化发展

通过土地流转，最大程度发挥水土资源、农业机械、技术人员及市场经济条件的优势。依靠先进的农业科学技术，不断提高农业综合生产能力，进而优化农村产业结构，促进一二三产业融合发展，延长农产品的价值链，拓宽农民的增收途径[24]，推动城乡一体化发展。

（二）江东镇以土地流转实现产业振兴规划实践

江东镇位于潮州市西南部，四面环水，是韩江冲积而成的江心孤岛。该镇户籍总人口8.07万人，常住人口6.73万人。全镇土地总面积3 804.83公顷，其中耕地1.8万亩，水稻种植面积2 733亩，蔬菜种植面积6 100亩，是知名的水稻粮产区和经济作物区，也是潮汕三市主要蔬菜基地。江东镇最著名的农产品有丝苗米、竹笋、萝卜干和无公害蔬菜，已形成四大农业生产支柱基地，并建成蔬菜区级现代农业产业园，江东镇被评选为"广东省蔬菜及农副食品技术创新专业镇"。随着农村青壮年劳动力的外出务工或经商，潮州市农业劳动力出现短缺现象，造成农田的撂荒和粮食产量的下降[25]。在各级政府的政策支持下，该镇不断探索符合当地实际发展的土地流转模式。

1. 江东镇概况分析

（1）资源条件

生态环境优越。江东镇位于潮州市潮安区东南部，地处韩江下游的江心洲。全镇土地平整，灌溉水源丰富，农作物产出率高，有"江上绿洲"的美称。江东镇因四面环水，四周堤岸线长达29.1千米，滨水景观资源丰富，生态环境优越。

农业机械化程度较高。江东镇是农产品种植专业镇，水稻、蔬菜、竹笋种植规模较大，特色农作物种植分布带已初步形成，在潮汕地区知名度较高。当地机械化、电气化等专业化种植有一定基础，部分蔬菜基地已采用"水肥一体"技术进行灌溉，并应用温室大棚智能监控系统，通过电脑进行控温。水稻种植基地逐渐利用无人机、耕作机等机械设备进行田间作业，机械化程度较高。

乡村农业旅游初具规模。江东镇以洋光、下湖、樟厝洲村为代表，初步形成"农业+旅游"的乡村休闲旅游发展模式，依托水稻、蔬菜种植基地，打造集农业观光、科普教育、摄影采风于一体的休闲旅游胜地。潮州市玉瑶山庄生态旅游有限公司、溪东合作社两个农业实体入选为广东省"休闲农业与乡村旅游示范点"。该镇的休闲农业和乡村旅游发展呈现良好态势。

（2）产业发展问题

土地碎片化现象有待改善。江东镇现有大量零碎、难以连片开发利用的地块，加之部分农田水利、机耕道路等基础设施未完善，存在农业未能规模化生产、土地利用效率低的现象，导致土地未被集约高效利用。

一二三产业融合程度较低。江东镇特色农作物精深加工产品少，附加值低，农产品加工转化率较低，加工制造业规模效应不强，存在创新能力不足，未形成品牌效应等问题，未能对当地种植结构优化形成拉动力。乡村旅游业处于早期发展阶段，休闲农业经营主体总体上小而分散，配套设施不足，一二三产业未形成发展合力，面临较大的竞争压力。

（3）发展机遇

试点机遇。江东镇被列为省、市土地经营权有序流转实施试点镇，享有优先获取流转补贴的政策激励。各级政府通过政策制度推进多方参与土地流转工作，江东镇具备先行试点的政策倾斜机遇。

区位机遇。江东镇北接潮州市区，南通汕头市澄海区，是潮州市与汕头市的交通枢纽。江东镇北部约10个行政村被纳入潮州中心城区规划范围，具备吸纳潮州市区及汕头市澄海区产业资源的区位优势。

基于以上发展条件与问题分析，江东镇通过土地流转，实行农用地大规模集中连片整治，采用"土地流转+全域土地综合整治+产业导入+空间布局"模式引导产业发展，最终实现农田集中连片、空间形态集约高效、产业多元融合的江东新格局（图6-8）。

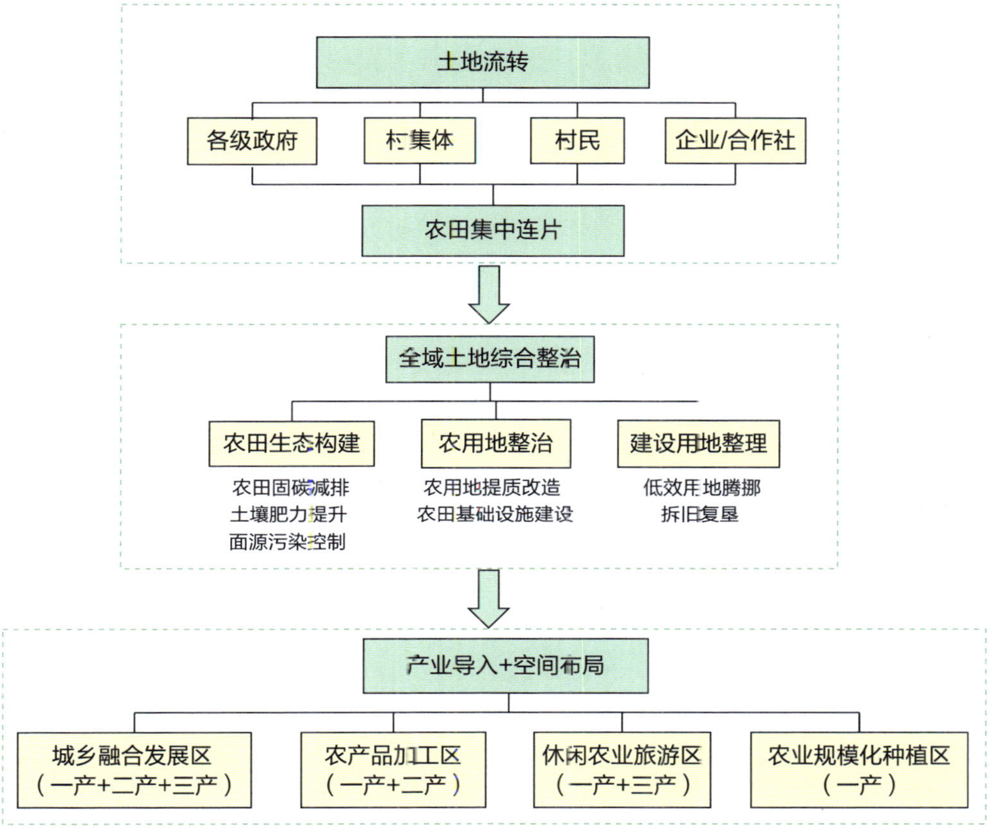

```
                    ┌─────────────────┐
                    │    土地流转      │
                    └────────┬────────┘
        ┌──────────┬─────────┼─────────┬──────────┐
   ┌────┴────┐ ┌───┴───┐ ┌───┴───┐ ┌───┴──────┐
   │ 各级政府 │ │ 村集体 │ │ 村民  │ │企业/合作社│
   └─────────┘ └───────┘ └───────┘ └──────────┘
                    ┌─────────────────┐
                    │  农田集中连片    │
                    └────────┬────────┘
                             ▼
                    ┌─────────────────┐
                    │  全域土地综合整治 │
                    └─────────────────┘
    ┌────────────────┬──────────────┬────────────────┐
┌───┴──────┐   ┌─────┴─────┐   ┌────┴──────┐
│农田生态构建│   │ 农用地整治 │   │建设用地整理│
└──────────┘   └───────────┘   └───────────┘
 农田固碳减排    农用地提质改造    低效用地腾挪
 土壤肥力提升    农田基础设施建设   拆旧复垦
 面源污染控制
                             ▼
                    ┌─────────────────┐
                    │  产业导入+空间布局 │
                    └─────────────────┘
  ┌──────────┬──────────────┬──────────────┬──────────────┐
┌─┴────────┐┌┴──────────┐┌─┴──────────┐┌──┴──────────┐
│城乡融合发展区││农产品加工区 ││休闲农业旅游区││农业规模化种植区│
│(一产+二产+ ││(一产+二产) ││(一产+三产) ││  (一产)     │
│  三产)    ││          ││           ││            │
└──────────┘└───────────┘└───────────┘└────────────┘
```

图6-8　江东镇产业振兴路径

2. 以土地流转盘活土地资源

在缺乏制度规范及合理监督的情况下，早期农村私下的土地流转存在效率低、发展混乱等问题。政府层面意识到城乡二元土地制度已严重影响到土地资源的可持续利用。因此，以政府为主导，自上而下推动土地流转制度变迁的试点在各地广泛开展，各级政府加大对农村土地经营权流转的政策倾斜与资金补助。截至2020年底，潮州市土地流转面积29.43万亩，流转率46.17%。其中潮安区流转率60.7%、饶平县流转率40.8%，潮州市流转方式主要是出租，通过该方式的流转面积占总流转面积的88%。

2018年起，江东镇作为潮州市土地流转试点镇之一，以农村集体土地经营权确权为契机，通过实施财政奖补，积极探索土地经营权流转机制，大力发展现代农业。2019年，广东省人民政府加大各级财政奖补力度，全面推动土地规范有序流转，省级拿出财政奖补27万元鼓励江东镇推进土地流转。随着潮州市相关政策文件的下发，本地乡贤及潮籍企业家陆续进村，开展土地流转活动。至2022年底，江东镇实现新增土地流转3 000亩，农村经济收益增加200多万元，有10个村通过出租、入股等方式进行土地流转。这些新型农业组织将江东镇的零散土地化零为整，实现规模化种植（表6-1）。

表6-1 江东镇近年土地流转情况（部分）

序号	村庄名称	农业组织名称	流转土地面积
1	下湖村	溪东合作社	513亩
2	佘厝洲村	多家合作	200亩
3	谢渡村	溪东合作社	320亩
4	红砂村	溪东合作社	245亩
		潮州市玉瑶山庄生态旅游有限公司	67亩
5	洋光村	潮州市玉瑶山庄生态旅游有限公司	52亩
6	仙洲村	潮州市潮安区旺农种子有限公司	229亩
7	井美村	潮州市潮安区三元农业种养有限公司	100亩
8	东前溪村及西前溪村	潮州市潮安区江楷种养有限公司	300亩
9	下庄村	潮州市潮安区共益蔬菜种植专业合作社	80亩
10	樟厝洲村	农户承包经营	90亩
合计			2 196亩

备注：数据来源于潮安区人民政府网站及各合作社、村干部访谈。

以江东镇下湖村为例，村委会与村民协商一致后，将村集体统一经营的513亩耕地流转给本村乡贤。江东镇对流入方（经营主体）、流出方（村民）和村委会均给予奖补；其中流入方奖补43 676.4元，流出方奖补46 245.6元，村委会奖励20 353.77元。资金补助政策令三方主体共同受益，这极大地推动了土地流转工作。基于人际关系网与信任，江东镇土地承包方多为本地乡贤，执行农地市场中介职能的组织机构多为村集体经济组织。江东镇结合自身实践经验，选择土地"确权"和"确份额不确地"这两种流转形式盘活土地资源。

（1）"确权"流转

2018年，江东镇土地确权面积1.92万亩，村民拿到受法律保护的土地承包经营权证，这是农民土地权益的保障和流转凭证。而土地流转，是在不改变土地所有权的前提下，农户仍享有土地承包权，流转的是土地的经营权。土地确权推进了土地流转的快速发展，也推进规模化生产和现代化农业的进程。以红砂村为例，该村67亩成片农田流转给潮州市玉瑶山庄生态旅游有限公司，签下600多份合同。流转土地的农户每年可获得约650元/亩的土地流转费。土地流转后，农民可以通过返租形式参与土地种植，农民按照企业要求进行生产种植，统一耕种，农产品由企业统一收购，从而保障农民的耕种权利与收益。

（2）"确份额不确地"流转

江东镇下湖村采取"确份额不确地"流转形式。村委会将村集体统筹经营的513亩土地，划成500多份，以确份额形式分到每户。村里乡贤有意愿承包土地耕种的，通过成立专业合作社，以每年452元/亩的价格承包513亩土地用于种植。两者土地流转合同签订期限为3年，合作社一次性将3年租金上交给村委会，并交20万元保证金。极大调动各方参与土地流转的积极性，全镇共培育农民专业合作社58个，其中市级示范社1个，"一村一品"农业主体6个，"广东省菜篮子"基地2个，流转土地约3 000亩，受益7 000多户、3万多人。潮州市潮安区在江东镇的试点工作取得初步成效的基础上，及时总结提炼经验做法，在全区进行复制推广，落实每个乡镇创建一个以上连片成规模的土地流转试点，取得显著效果。

3. 以全域土地综合整治塑造高品质国土空间格局

乡村振兴是一项系统工程，离不开对土地资源的梳理与优化利用。江东镇通过农用地整治，推进土地规模化经营和机械化作业，促进土地资源要素流动，促进自然资源资产高效配置，通过农田生态构建、农用地整治和建设用地整理，满足产业发展和民生用地需求，激发村镇的发展潜力[26]。

（1）农田生态构建

以农业农村绿色低碳发展为关键，全面提升农业综合生产能力，构建农田生态系统，具体措施包括：①农田固碳减排。降低温室气体排放强度，提高农田土壤固碳能力；在提高粮食安全保障能力的基础上，优化稻田水分灌溉管理，减少稻田甲烷排放；推广优良品种和绿色高效栽培技术，提高氮肥利用效率，减少氧化亚氮排放。②土壤肥力提升。施加有机肥料，推广水肥一体化等高效施肥技术，提高肥料利用率；合理轮作，通过不同植物的交替种植，以增加土壤中的养分种类和数量，避免单一作物对土壤养分的过度消耗。此外，加强土壤覆盖，以减少土壤的水分蒸发，提高土壤肥力及有机质含量。③面源污染控制。农业废弃物资源化利用，农作物秸秆用于制作有机肥或基料化栽培食用菌；在沟渠边缘布置深根植物，用于截留径流中的氮、磷等营养物质。

（2）农用地整治

农用地提质改造。通过对现有耕地及永久基本农田进行连片耕地整治，实现农田平整化、规模化。确保恢复耕地潜力，加大中低产农田改造力度，提升耕地地力等级。充分考虑土壤、水源、气候及现状种植特点，筛查出具有潜力恢复为耕地的空间区域，把该部分地块改造成耕地，并参照《高标准农田建设　通则》（GB/T 30600—2022）进行建设，提高耕地的数量和质量。

农田基础设施建设。修缮水利灌溉沟渠，完善田间道路，提升耕作条件，增加耕地的数量，促进农业机械化生产。完善农业基础设施，提升农机装备研发应用水平，修复水毁灾损的农业和水利基础设施，加强沟渠疏浚及引水泵站的建设和管护，有效防范应对农业重大灾害。

（3）建设用地整理

低效用地腾挪。通过将碎片化的存量建设用地、依法收回的闲置宅基地进行空间腾挪，将用地指标集聚到镇区及发展类村庄，优化乡村产业布局，保障乡村产业建设用地需求。按照发展需要，科学合理地对新增建设项目的选址和规模进行论证及规划。在新增建设项目布局时，优先考虑镇域范围内荒废或利用效率不高的建设用地。对建设用地粗放发展问题突出的村庄，应进行合理引导、开发、建设。

拆旧复垦。拆旧复垦是实现土地集约利用的手段，以不破坏生态环境和历史文化风貌为前提，结合村民的发展意愿，对村庄无人居住的废弃房屋进行拆除，通过拆旧复垦增加耕地面积。

4. 以规划引领构建产业导入的空间发展布局

城乡融合发展态势在近郊区表现明显，江东镇作为潮州市近郊镇，在当前乡村振兴发展背景下，城乡要素流动频繁，更容易吸引社会资本进入。以顶层设计为引领，形成以第一产业为基础，"多产叠加"的复合产业发展体系，构建乡村产业与空间协同发展的总体格局（图6-9）。

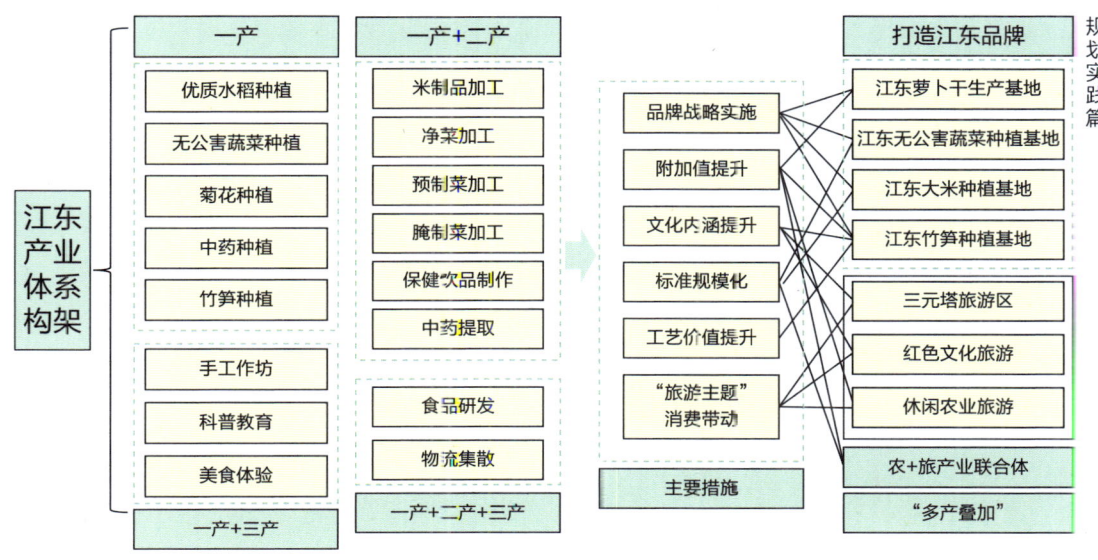

图6-9　江东镇产业发展体系构架

（1）农业规模化种植区（一产）

依托江东镇扎实的农业种植基础，利用土地流转形成的连片耕地，推进水稻、蔬菜、菊花、中药及竹笋等规模化种植，持续做强"江东竹笋""江东萝卜干""江东大米""江东无公害蔬菜"四大农业生产基地，形成现代农业规模化种植区。

（2）农产品加工区（一产-二产）

将镇域南部西前溪村的连片企业转型升级为农产品加工区，打造当地特色农产品加工产业链，加强对农业新产品、新技术、新工艺、新设备的研究与开发，衍生米制品加工、净菜加工、预制菜加工、腌制菜加工、保健饮品制作、中药提取等产业。

（3）休闲农业旅游区（一产+三产）

将镇域中部及南部的三元塔旅游区、下湖村与洋光村休闲农业旅游区、樟厝洲村美食主题旅游区、水乡旅游区串联起来，依托江东镇深厚的红色革命文化底蕴及优美的自然环境，开展爱国主义教育参观、农家乐、实地写生、农园科普等多种形式的乡村旅游，深入推进一产与三产的深度融合发展，促进村庄可持续发展。

（4）城乡融合发展区（一产+二产+三产）

依托江东镇紧邻潮州市区的区位优势，在上水头村、下水头村、柚杭村、柚园村、元巷村、亭头村、村头村等村庄发展有机农业，并部署农业展览、农业科研、休闲商务和物流集散等业态，促进三产融合，实现城乡融合发展。

（三）以土地流转撬动多产融合路径研究

1. 保障多元主体利益，实现土地流转的可持续发展

在土地流转过程中，存在不同的利益主体，其利益诉求在一定程度上是冲突的。地方政府在农村土地流转中具有推动作用，应通过制定流转政策、建立土地流转市场及提供流转服务，为流转参与者提供便利。土地流转过程应充分保障村民、村集体与新型农业经营主体等多元主体的相应权益，调动各方参与土地流转的积极性，形成土地流转利益联结机制。各利益主体应建立合作共赢的关系，鼓励形成"企业（合作社）+基地+农户"的发展模式，深化农企合作，实现土地流转的可持续发展。

2. 通过土地流转，实现农业现代化发展

鼓励土地经营权的有序流转，将土地使用权出让给合作社及新型农业经营主体。通过种植技术的应用及科学的经营管理，促进农业的合理分工，使农业生产方式由粗放型向集约型转变，提高土地产出率。土地流转后进行规模经营，可更加高效利用土地，统一改善农田基础设施，统一提供农田管理服务，便于实施机械化作业，促进农业规模化、专业化经营。该生产模式既减少了劳动力投入，又提高了农业产出率，在有限的土地上创造出更多的财富。规模化经营有利于保护耕地生态环境，促进农业科技创新及农业现代化发展[27]。

3. 探索产业导入，打造田园综合体

农业镇应充分立足本地资源禀赋，结合交通区位、土地规模及产业发展趋势，在发展现代农业的同时，探索第二、第三产业的导入，逐步发展田园综合体，促进乡镇产业多元化与可持续发展。

鼓励在规模化种植的基础上引进集产品、服务、休闲于一体的新项目，增加农业的附加值。通过"建造+运营+增值服务"模式整合村庄土地资源，吸引城市居民到此休闲度假，打造农业示范基地，建设田园综合体，促进当地的经济发展与全域旅游，吸引年轻村民返乡，为乡村振兴奠定坚实的基础。

（四）结论与启示

粤东地区当前的发展困境，主要是土地资源紧张，土地细碎化严重。应立足本地的资源禀赋，通过土地流转"小田并大田"实现农业的跨越式发展。土地流

转有以下优势：①提高农村土地利用率与农业生产效率。农村土地流转可有效遏制土地抛荒现象，有利于减少闲置土地，增加可用耕地和其他可用土地，保障国家粮食安全[27]。②实现农村土地经营规模化，促进多产融合发展。通过农村土地流转，一方面留在土地上的专业农户通过科学经营和管理，在国家惠农政策的保障下，实现收入的持续增长，有利于缩小城乡差距；另一方面，健康发展的第一产业确保第二、第三产业的快速发展，为流出土地的农民提供充足的就业岗位，有利于形成产业的内生动力机制。通过土地流转推进农业农村现代化，助力农业镇的多产融合与乡村产业振兴。

同时，土地流转存在一些常见问题，需加以警惕：①土地用途出现偏差。如借流转之名，改变土地使用功能，将耕地改为非农业用途等，是农村土地流转中最易出现的问题[27]。②违背农民意愿流转过度。如在村民不知情或不情愿的情况下，或通过组织性强迫，强行流转农民的土地。应避免土地流转任务与绩效相挂钩的行政激励而产生的流转过度情况[28]；正视农户、新型农业经营主体、基层政府三者之间所形成的利益关系，在"三个不得"（不得改变土地集体所有性质、不得改变土地用途、不得损害农民土地承包权益）的前提下，规范土地流转市场秩序。

（李世婷）

六、凤塘镇：以全域全要素评估为抓手推动产业转型

高质量发展和产业转型已经成为广东省的主旋律。产业转型既包括在一定历史时期内，根据国际和国内经济等发展现状和趋势，地区通过特定的产业、财政金融等政策措施，对其现存产业结构的各方面进行调整；也包括行业内资源存量在产业间的再配置，也是将资本、劳动力等生产要素从衰退产业向新兴产业转移的过程。目前，在广东产业发展过程中，一些深层次结构性矛盾仍需破解，产业发展质量仍待提高，新兴产业对经济增长贡献不足，民营经济发展潜力仍有待释放，金融、人力资源对产业转型升级的支撑力度不大，新旧动能还未根本转换。2023年6月，省委、省政府出台《中共广东省委 广东省人民政府关于高质量建设制造强省的意见》，意见提出实施"大产业"立柱架梁行动，巩固提升十大战略性支柱产业、培育壮大十大战略性新兴产业，打造一批世界级先进制造业集群。

粤东地区产业型城镇数量众多，但普遍存在产业聚集度不高、用地情况混

乱、有较大安全隐患等问题。在实施乡村振兴战略的大背景之下，粤东工业名镇亟须走出一条以产业振兴带动乡村振兴的典型示范之路。同时，广东省着力推动粤东西北地区乡村振兴发展战略的部署，使凤塘镇的发展迎来了新的机遇，凤塘镇将被纳入区域一体化建设的平台，由原来的小城镇跃升为潮州市中心城区重要的功能板块。综上，凤塘镇应以国家高质量发展为思路，按照相关乡村振兴文件指示精神，分析形势发展的要求，重新审视自身的定位，结合现状资源条件进行评估，摸清产业发展家底，抓住机遇，迎接挑战，发挥优势，顺势而为，努力推动产业全面转型升级、农村全面进步、农民全面发展，谱写新时代乡村全面振兴新篇章。

（一）以全域全要素评估促进产业转型的内涵与方法

1. 着力向产业链的"微笑曲线"两端延伸

以生态文明为主题，以幸福生活为导向，以创新驱动和数字化为赋能载体，以提供生态产品为核心，构建乡镇生态智慧型、幸福导向型的现代产业格局。首先，根据地域的资源特色和优势产业，按照产业链协作关系组织地域分工，实现各种产业空间的复合共生，形成地域上的空间价值链，并将产业价值链和空间价值链叠加，形成产业链上、下游合作，通过技术将产业升级，构建协同联动的复合式生态型长程价值链。其次，加强创意研发平台和数字化营销平台建设，并与信息化建设深度融合，对已有产业和企业起到带动作用。最后，培育与满足人民群众物质文化需求、提高人民群众生活质量和幸福感有最直接关系的导向型产业，完善公共服务设施和市政设施，为让人民群众获得更实在、更长久的幸福提供物质支撑，促进一二三产业的边界逐渐消融，实现城乡产业一元化。

2. 以全域全要素评估为抓手，推进产业转型

在产业转型的过程中，土地空间的保障非常重要。但是，各区域的地形特征、自然条件、土地利用等情况复杂，需要将各种要素的影响纳入考虑范畴进行分析，并将其与产业发展的空间需求、生活和生态空间的保护要求相协调，需要进行以下步骤的全域全要素评估。

（二）凤塘镇以产业转型推动村镇高质量发展的规划实践

1. 凤塘镇概况分析

潮州市潮安区凤塘镇，位于潮州市潮安区西郊，南连浮洋镇，北接古巷镇，

西和西南以三利溪为界与揭阳市揭东区登岗镇、玉窖镇相望。共辖1个居委会、30个村委会。

（1）产业基础

凤塘镇是陶瓷专业镇，工业产业基础良好，产业配套设施齐全，以陶瓷工业及造纸等相关产业为主，同时发展商业、服务业，农业基础比较薄弱。凤塘镇产业基础分为以下三类：

其一，乡村农业基础。凤塘镇曾经是一个农业重镇，但近年来农业发展缓慢，缺乏特色。近年来通过兴修水利，改善农田灌溉系统等措施，改善农田抛荒，走蔬菜种植、水产养殖、三鸟（鸡、鸭、鹅）养殖、生猪养殖等多种经营路子，农业经济得以恢复和发展。其中，洪巷、淇园等村的耕地面积较大，耕作条件相对较好，种植业发展较具规模。

其二，乡村工业基础。陶瓷产业是凤塘镇的支柱产业，主要形成了以卫浴陶瓷为核心的工业产业链，发展能源、纸类加工等上、下游产业。当前镇内陶瓷发展方式仍以资源消耗型、劳动密集型为主。凤塘镇陶瓷生产历史悠久，是潮州卫生陶瓷的发祥地，是全国较大、产品门类较齐全的陶瓷生产基地之一。现已形成卫生陶瓷、艺术陶瓷、日用陶瓷为主，配套齐全的陶瓷产业集群。曾获"广东省陶瓷专业镇""中国陶瓷重镇"称号。近年来，积极实施"工业立镇，科技兴镇"的发展战略，积极引导陶瓷企业进行一系列体制、机制、技术和管理等创新，扶持中小民营企业向"专、精、特"的方向发展，引导企业扎实搞好以提高质量档次、更新花式品种、开发高附加值产品为主要内容的技术改造和科技创新。

其三，乡村服务业基础。凤塘镇位于潮州市城郊，服务业发展比较滞后。生活性服务业主要涉及餐饮、商品零售等行业，规模较小，品质一般，金融、商贸、会展等生产服务功能缺失，现代服务业体系有待完善。

（2）发展问题

凤塘镇过去是一个以种植粮食作物为主的纯农业镇，是原潮安县主要粮食生产基地之一。近年来，镇委、镇政府着力实施"工业立镇、科技兴镇"的发展战略，把发展作为第一要务，大力扶持民营企业，打造具有地方特色的卫浴品牌，走新型工业化道路，成功实现了经济结构转型，由农业镇逐步转变为工业镇。但是，新时代也对凤塘镇的产业发展及乡村振兴提出了新的要求，因此，凤塘镇需要探索出城乡一体、绿色低碳、节约集约、和谐宜居的发展之路，以土地空间的全面评估与合理优化，支持产业转型和乡镇的高质量发展。

2. 以要素评估赋能，向产业"微笑曲线"两端延伸

依托凤塘镇工业强镇的产业基础，重点推动产业升级与融合。规划培育一批战略性新兴产业、数字信息产业，同步发展相关的现代服务业，促进第一产业恢复生产，推动第二产业与第三产业之间融合，推进产业转型提质增效（图6-10）。

促进传统产业升级。通过基础设施建设和政策扶持等一系列措施，支持传统产业实施新一轮技术改造，延长陶瓷相关产业链，推进陶瓷、陶瓷材料、材料包装等上、下游产业标准化，推动制造业加快高质量发展。

壮大战略性新兴产业。顺应产业结构绿色转型的发展要求，以绿色化、低碳循环发展为方向，壮大陶瓷产业新材料、新能源产业规模，构建高效节能、先进环保、资源循环利用的战略性新兴绿色产业体系。

培育数字信息产业。积极研究数字信息产业技术的发展动态，结合陶瓷产业发展基础，建设数字信息产业的孵化平台，大力推进产业化和集成应用，抢抓未来数字产业发展主动权。

加快发展现代服务业。依托区位优势，立足产业基础，围绕服务业高质量发展，大力发展科技服务、文化创意、电子商务、现代物流、金融等生产性服务业，培育数字与信息服务等新兴服务业，构建结构合理的现代服务业体系。

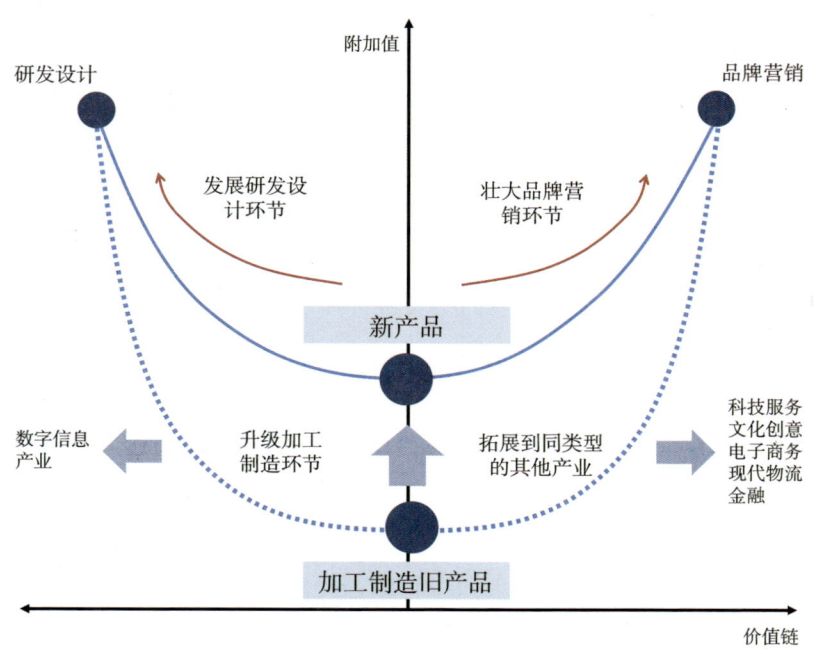

图6-10　凤塘镇产业转型思路

3. "横向拓宽，纵向延伸"促进陶瓷产业转型升级

在充分发挥本土传统产业优势的基础上，找准凤塘镇发展定位，有的放矢地推动招商引资、功能配套等各项工作。聚焦以下几方面重点发力，促进陶瓷产业的转型升级。

一是动能转换，加大研发、设计投入力度，抢占陶瓷新原料研发生产的制高点，吸引创客设计个性化、定制化的新产品，提高产品的附加值与竞争力；以动能转换、存量提升、服务赋能为目标引导凤塘镇进行以陶瓷业为主的工业产业链重构，提高产品的附加值和竞争力；以"研发、设计、制作、营销、服务"为主轴构建项目策划路径，建立研发实验室、本土陶艺设计大师设计工坊等。

二是存量提升，引进自动化设备，逐步实现智能化改造，提高企业生产效率，帮助企业提高竞争力，吸引创客带来个性化、定制化的新产品；辅以自动化车间建设示范、现代化电商基地建设示范、公共服务平台建设示范，形成面向社会、企业、个人的一体化产业链，进而推动整个镇域的企业转型发展。

三是服务赋能，建设检测、认证、销售、培训、孵化等一体化公共平台，为陶瓷企业生产服务、打响品牌知名度提供支撑（图6-11）。

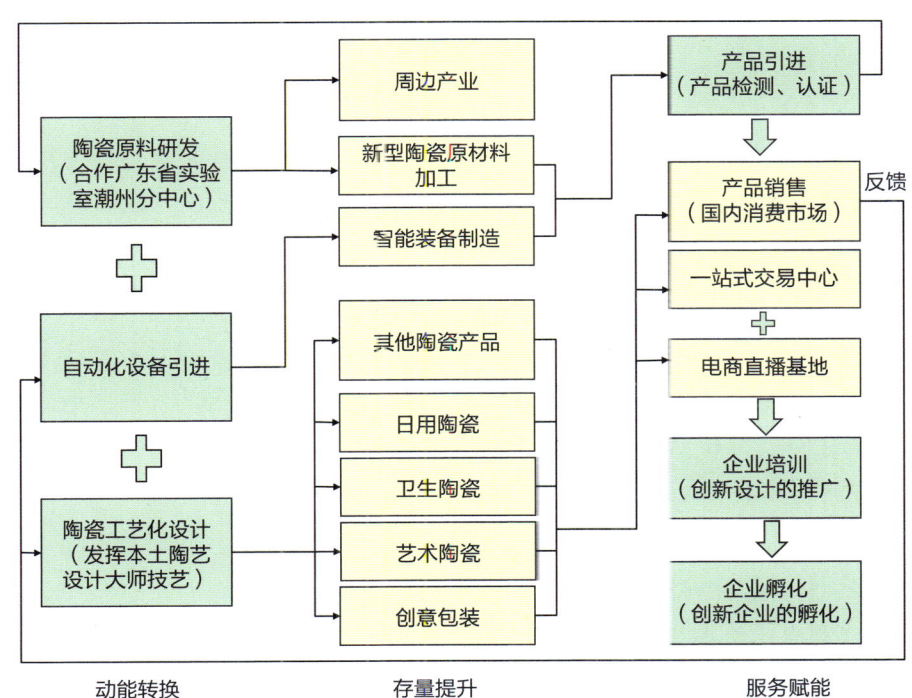

图6-11 "横向拓宽，纵向延伸'陶瓷产业转型模式

4. 二、三产业融合模式，推动产业融合

从土地资源、空间利用、生产销售模式等方面，精确瞄准企业痛点，倒逼亩均效益不高的企业加快通过转型创新升级寻找发展新路径（图6-12）。升级加工制造环节，引进高技术、新设备、技术人才，将简单技术生产活动升级为高级技术生产活动。发展关联度高的相关产业，聚集同类型产业，打造产业集群。发展研发设计环节，实现产学研结合，加速科技成果产业化、市场化。壮大品牌营销服务环节，通过电商平台、直播平台等新兴的营销渠道，扩大品牌效应。

（1）"工业化+信息化"融合

打造工业生产信息平台，积极稳妥发展工业互联网，实现工业化和信息化融合。创建产品销售信息平台，依托成熟电商平台，利用大量的数据和客户基础及核心企业的牵头带动，打通工业产品销售产业链。成立人才孵化信息平台，促进企业与高校深度合作，设立大学生创新创业项目，通过"人才孵化基地建设"推动科技创新与产业升级。

（2）"制造业+服务业"融合

推动"制造业+服务业"融合创新，着力发展现代物流、电子商务、信息服务、现代商贸等主流服务业，推动凤塘镇形成一批口碑好、品质高、销量领先的知名陶瓷品牌。

（3）"产品+服务"新模式

鼓励制造业企业基于互联网开展服务业态和商业模式创新，开拓产品全生命周期管理、系统解决方案、产业金融、在线商店等服务模式，建立"产品+服务"盈利新模式，推广定制服务生产方式（图6-13）。

5. 以全域全要素评估为抓手，优化产业空间格局

依托潮州市丰富的瓷土资源，基于凤塘镇良好的陶瓷生产设计开发能力及一批数量庞大的陶瓷企业，凤塘镇应加强产业和空间的规划，强力保障用地需求，精准匹配优质项目和企业，继续完善陶瓷及其相关产业链条，继续扩大产品市场。将凤塘镇建设成为先进陶瓷制造产业基地，促进产业发展速度进一步提升；打造陶瓷创新小镇，推动产业创新能力和竞争力进一步提高；积极融入潮州陶瓷产业集群，深化产业合作，助力产业开放度进一步扩大。

（1）通过用地适宜性评价，摸清产业空间家底

随着凤塘镇城镇化进程加快，产业发展需求和城市资源之间的矛盾日益凸显，部分村庄面临着土地用地布局不合理、用途单一且浪费等问题，使其难以适

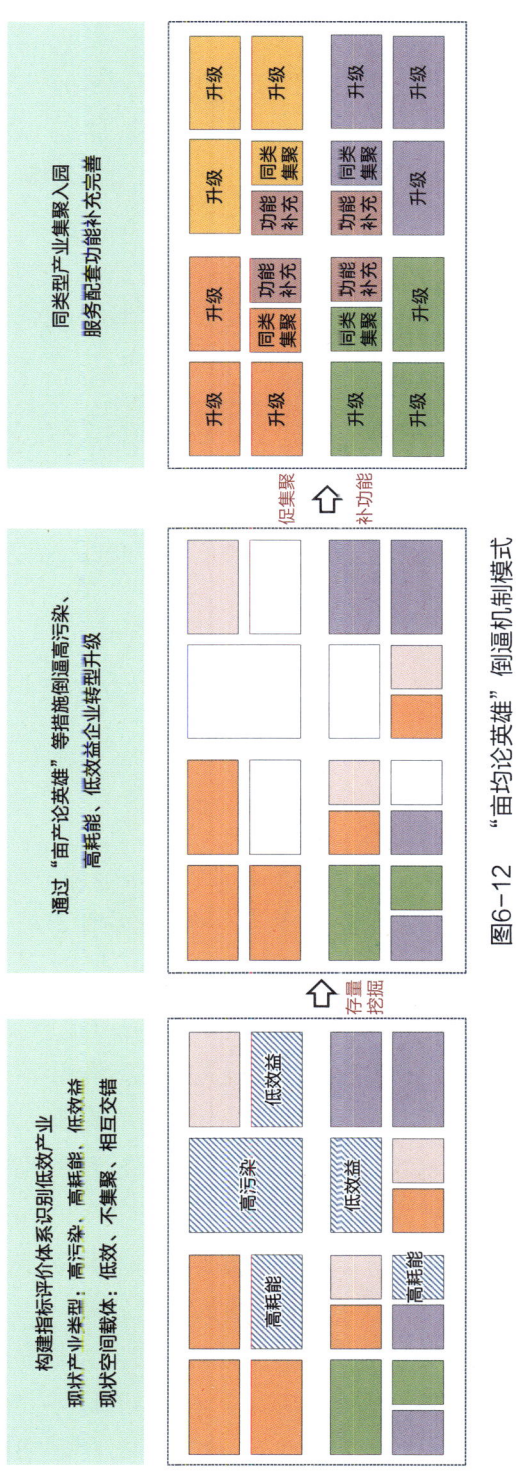

图6-12 "亩均论英雄"倒逼机制模式

构建指标评价体系识别低效产业
现状产业类型：高污染、高耗能、低效益
现状空间载体：低效、不集聚、相互交错

通过"亩产论英雄"等措施倒逼高污染、
高耗能、低效益企业转型升级

同类型产业集聚入园
服务配套功能补充完善

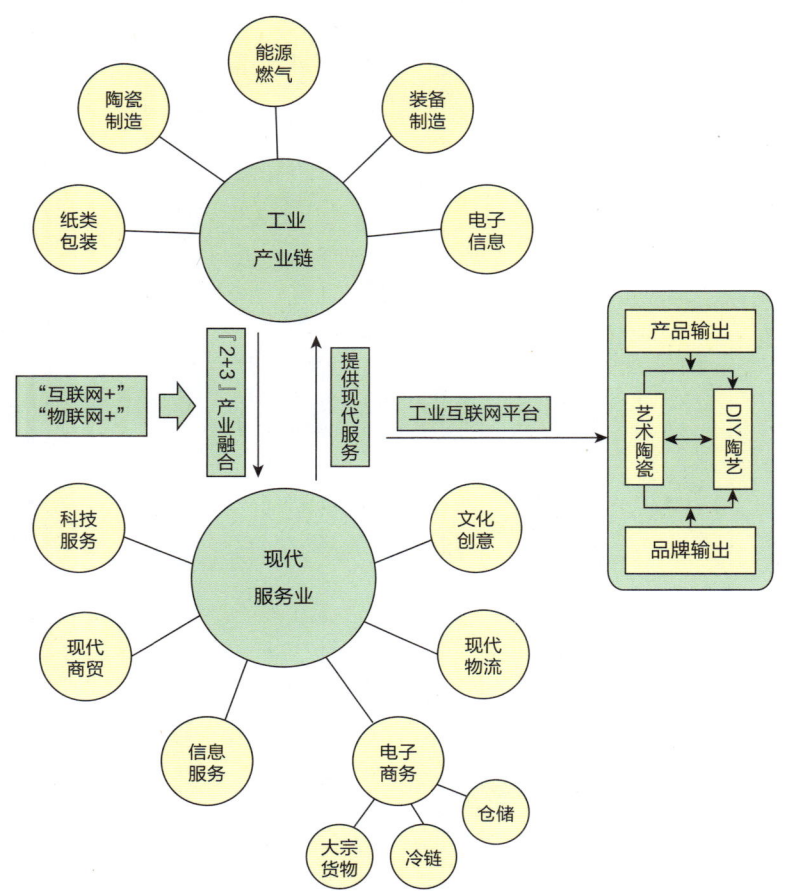

图6-13 "产业+服务"融合模式技术路线

应城镇产业转型升级的趋势。在遵循差异性、稳定性和可操作性的原则上，考虑到评价因子对产业用地布局的影响程度较大，需完整准确反映产业用地实际情况、变化和趋势，因此本次规划从交通、生态环境、城市氛围、地形条件4个方面选取了8个因子作为本次用地适宜性的评价因子。根据凤塘镇的实际情况，初步分析凤塘镇的未来发展趋势，构建凤塘镇产业用地适宜性评价体系，为乡村振兴尤其是产业振兴提供底层数据支撑。

通过对选取因子的评估，从城镇的环境本底和未来需求出发，分析土地开发模式的适宜程度，采用自然断点法定义评价因子的分级标准，构建用地适宜性评价指标体系。利用专家打分法和层次分析法建立比较判断矩阵模型，使用yaahp软件对各因子进行两两重要性比对，从而确定各因子的权重值。判断矩阵模型一致性比率$CR<0.1$，说明本次结果通过了一致性检验。根据评价体系中各因子的

分级标准及各权重值构建多因素综合评价模型。若用地适宜性评价单元的综合分值越大，说明其越适宜产业用地建设，限制性越小。反之，则越不适宜产业用地建设，限制性较大。

评价模型计算公式：$M = \sum_{i=1}^{n} X_i Y_i$

式中，M为用地适宜性评价综合分值、X_i为第i种评价因子等级数值、Y_i为第i种评价因子的权重值、n为参与评价的因子数量。根据计算公式，采用GIS空间分析法，将单因子的评价图进行叠加处理，最后得出凤塘镇用地综合评价结果。从空间分布上看，最适宜建设区域和较适宜建设区域主要分布于凤塘镇东北部片区，该区域交通便捷，居民点相对集中，是凤塘镇产业用地集约化发展的重要腹地。适宜性等级从凤塘镇东北部片区向周围不断递减。凤塘镇的不适宜建设区域主要分布在南部地区，零散分布在中部和北部地区，其中南部地区大部分为永久基本农田斑块，保障了粮食安全，也保证了土地资源的可持续利用。凤塘镇的西北部地区地势较高，地形变化复杂，考虑其开发难度大，不利于建设。

（2）全域土地开发价值评价

根据凤塘镇产业用地适宜性结果，提取最适宜建设区域及较适宜建设区域作为适宜建设区域，将其分为开发价值较低、开发价值一般、开发价值较高和开发价值最高4个等级，得出土地开发价值评价结果。凤塘镇开发价值最高区域面积为1.85平方千米，占全镇面积的4.79%；开发价值较高区域面积为8.17平方千米，占全镇面积的21.17%；开发价值一般区域面积为7.70平方千米，占全镇面积的19.95%；开发价值较低区域面积为7.16平方千米，占全镇面积的18.56%。

根据土地开发价值评价结果，浮岗村、大埗村、东门村、南门村和凤岗村5个村土地资源限制性等级低，地形平坦，地质灾害威胁性小，且经济发展较快，因此它们的开发价值较高的地块面积占镇域面积比例最大，开发价值高，未来加快相关基础设施建设，利于吸引更多产业入驻，从而推动凤塘镇产业集聚发展。和安村、盛户村、新和村、东和村、西和村、洪巷村和湖美村处于镇中心村连绵带中，是未来凤塘镇工业化的主要区域，也是未来集聚新增产业的重要区域。根据土地开发价值评价结果，开发价值较高的地块面积占镇域面积比例较大，但在其中零散分布着永久基本农田图斑，因此，在用好存量并适度新增建设用地规模以支撑城镇化和产业化发展的同时，需要对耕地进行严格的保护。

根据土地开发价值评价结果，得出各村适合开发为产业用地的潜力。其中，东和村、洪巷村适宜建设区域占各村域面积的比例大于30%，适宜优先进行开发建设。其余村庄可在以上村庄开发建设后参考其经验，后续应发挥各村特色，对村庄进行优化提升。

（3）全域可持续发展评估

现状产业用地及规划产业用地集中分布在镇域的东部、中部和北部，小规模零散分布在南部。在现状建成区中轻度冲突空间面积为150.89公顷，占现状镇域建设用地面积比例为8.43%，比重较大，多分布在东龙村、粦畔村、英凤村、凤里村等镇域南部村庄。重度冲突空间面积为0.89公顷，占比为0.05%，比重较小，零星分布在镇域南部永久基本农田边缘；规划产业用地（除现状外）中，产业用地冲突类型均为轻度冲突，面积为14.63公顷，占规划产业用地面积的9.29%，同样分布在镇域南部永久基本农田边缘。由此可见，凤塘镇空间冲突多分布于镇域南部的原因在于南部地区有着大量的永久基本农田，为贯彻落实《国土资源部关于全面实行永久基本农田特殊保护的通知》政策，避免人类频繁的活动对永久基本农田产生不利的影响，因此在适宜性分级中，对永久基本农田周边地区赋予较大权重，致使该地区用地适宜性较低，冲突空间分布较多。

凤塘镇的农业空间及生态空间集中在镇域南部，从用地布局引导看，应以"点上开发，面上保护"为主，应在保护优质耕地、保护生态的基础上适当增加产业用地规模，严格落实产业禁投清单、工业项目环境准入规定，确保引进项目符合生态环境约束要求。鼓励村委或村民在不破坏生态空间的前提下，改造提升生态空间的生态功能和生态服务价值。严守耕地保护红线，以绿色生态作为发展底色，助力乡村振兴发展。

6. 以"产业升级示范区"带动村镇高质量发展

结合全域全要素的评估结果，确定凤塘镇首期的产业升级示范区，范围涉及南门村、东门村、南陇村、湖美村4个村庄，片区统筹范围为北至枫凤路、南至乌南路，西到玉湖路延长线，东达双岗村委会东侧支路，改造单元面积为89.93公顷。示范区参考用地适宜性评价结果、全域土地开发价值评价结果和全域可持续发展评估结果对自然要素和用地情况进行全面的优化梳理，结合先进陶瓷产业园案例，根据陶瓷制造工艺定制产业单元模块，打造多维度公共空间，提出建筑风貌指引和片区空间形态指引，将试点改造区域打造成潮州市陶瓷产业应用型研发设计的活力区、智能化升级改造的典范、企业品牌孵化的摇篮。凤塘镇的产业发展空间主要集中在镇域中部偏北地区，产业类型为工业带动型和"工业+电商"带动型，建设类型为城郊融合类和集聚提升类。秉承"产业空间集中、产业类型协调"的原则，完善产业用地布局，同时推进产业向多元创新驱动的发展方向转变。

结合用地适宜性评价、全域土地开发价值评价和全域可持续评估的研判结果，全面排查镇域及各级行政村公共服务设施和市政基础设施配置情况，补短板、强弱项，针对配套规模不足、设备老旧等问题进行梳理申报，争取上级专项财政支持。村级市政基础设施包括给水工程规划、排水工程规划、电力工程规划、电信工程规划、环境保护及卫生设施规划5个专项规划，根据村庄公用设施现状，对已有设施进行维护升级，新建缺失设施，以满足村庄生活生产需求和公用设施均等化要求，在规划近期补足必需的公用设施及升级维护现有设施，在规划远期实现村生公用设施巷道全覆盖，以保证村庄的可持续、健康发展。

结合用地适宜性评价、全域土地开发价值评价和全域可持续评估的研判结果，以行政村为单位，从区位类型、村镇体系、产业类型、建设类型、建设时序和发展阶段6个维度对镇域乡村振兴进行总体布局。通过6个维度对凤塘镇每个行政村的规划定位和发展方向作出定量指导，形成镇域乡村振兴总体布局一张图，提高规划公众认知程度，更好地服务于产业升级管理和建设，为镇域内村级产业发展的弹性管控和建设引导提供依据。

（三）以全域全要素评估推动产业转型路径研究

1. 摸清产业基础，实现多产融合的产业转型

基于全要素评估合理安排产业发展空间。产业园区是村镇发展的重要契机和强大推动力。产业园区的建设可加快产业的扩容增效，也可通过整合本地的小微企业实现产业集聚发展。通过引导本地"规模小、分散化"的乡镇企业整合入驻产业园区，加快土地流转，解决遗留的"马赛克"状的零散产业用地与园区工业用地并存的现状问题。引导本地小微企业补充园区大型企业的产业链，带动乡镇企业的健康发展。构建从单一产业要素集聚转向前后向关联产业和侧向关联产业的集聚，形成主导产业的集群化发展，最终形成以大型主导企业为核心，科教文化创新、产品服务配套、产业链企业协同的发展模式，最大化提高产业经济效益。

2. 完善设施配套，以产业为导向进行乡村振兴总体布局

完善规划保障，统筹安全与发展。进一步完善乡村振兴规划体系，创新完善

规划实施机制，增强规划约束性，强化监督考评，强化重大载体支撑作用，确保规划有效实施。落实规划实施责任，强化年度计划与发展规划衔接，完善监测评估，健全实施监督考核机制，提升规划实施效能。

（四）结论与启示

产业转型和乡镇的高质量发展势在必行，产业的发展必须遵循规律，必须可持续地进行产业谋划与布局。对全域全要素进行评估，可以协调产业发展与资源的利用，有利于融入循环经济的理念，以可持续发展为本，利用自然资源和环境容量，实现经济活动的生态化转向。

凤塘镇产业转型在与全域全要素相互协调的基础上，促进产业的可持续发展、乡镇的高质量发展，有以下经验：①以要素评估赋能，推进产业链向研发设计、品牌营销等高附加值环节延伸；②"横向拓宽，纵向延伸"促进优势传统产业转型升级；③通过全域全要素的用地适宜性评价、土地开发价值评价，优化产业空间格局，为产业的转型升级提供可靠的用地保障；④开展以产业为导向的乡村振兴总体规划，建立产业升级示范区，并通过设施配套，促进村镇的高质量发展。未来还需要加强对产业的部署，提升产业发展水平，推进乡村振兴落到实处。

（李智新）

七、红茶小镇：优化"两山"转化路径

绿水青山就是金山银山的"两山"理论是时任浙江省委书记习近平于2005年8月在浙江省湖州市安吉县余村考察时提出的科学论断。"两山"理论的基本内涵包括人与自然环境和谐共生，生态价值与经济价值相互转化，共同实现人民对美好生活的向往。党的二十大报告指出，"必须牢固树立和践行绿水青山就是金山银山的理念""建立生态产品价值实现机制，完善生态保护补偿制度"。在实施乡村振兴战略过程中应积极探索将绿水青山转化成金山银山的"两山"转化新路径，推动产业链融合，带动群众增收致富，迈出乡村振兴的坚实步伐。

狭义上"绿水青山"指的是良好的生态环境，"金山银山"指的是社会经济收入。广义上"两山"理论是指以绿色财富为根本，以保护生态屏障建设为手段，把生态优势转化成先进生产力实现共同富裕。同时"两山"理论也揭示了在经济社会建设发展中要尊重自然，以科学合理的方式利用自然资源、维护生态平

衡及有效利用环境容量。"两山"转化实现了经济社会发展和生态环境保护的相互促进，改善了严重的生态环境问题，推动了生态文明建设，形成了和谐共生的现代化建设新格局[29]。

英德市的茶叶种植面积超过万亩，红茶产业成为许多农民发家致富的重要途径。得益于优越的气候和土壤条件，英德市产出的茶叶拥有其他地区产出的茶叶所不具备的独特优势，因此备受国内外消费者青睐。英德市红茶小镇以可持续发展为愿景，依托生态保护和环境治理，以红茶产业为支柱，优化"两山"转化路径，走出一条可推广、可借鉴的乡村振兴发展路径。

（一）"两山"转化路径内涵

"两山"理论基本内涵如图5-14所示。

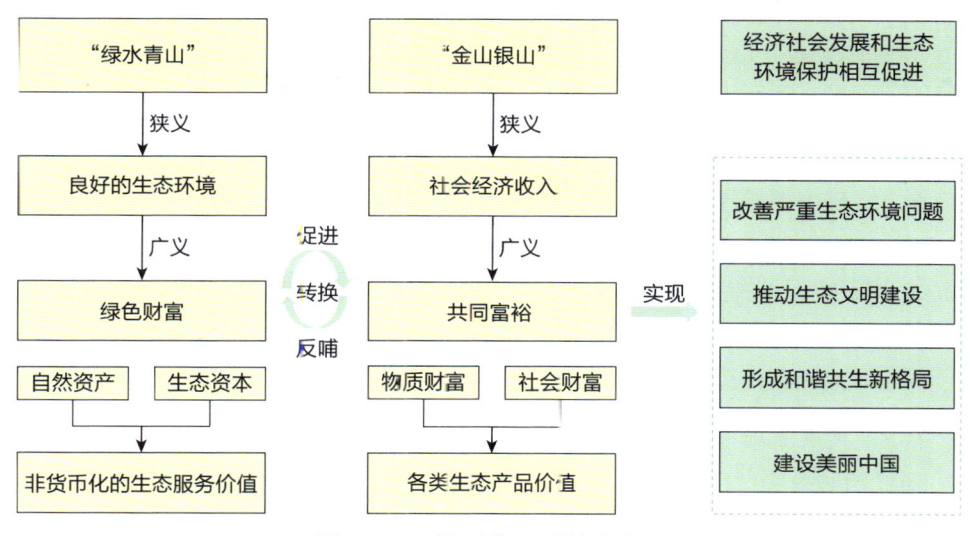

图6-14 "两山"理论基本内涵

1. 推动乡村振兴绿色发展

"两山"转化是一种发展观念的转变，强调人与自然的和谐共生，倡导在保护生态环境和提升其质量的前提下，推动乡村经济的发展。要求科学合理地利用自然资源、生态要素和环境容量，农业发展方式从传统的粗放型向集约型、环保型转变，推广绿色农业技术，减少农药和化肥的使用，提高农产品的质量与安全。同时，可通过循环农业和生态农业等模式，实现农业废弃物的资源化利用，提升生态资产。实现生态与经济的良性互动，达到乡村振兴的目标。

2. 探索产业生态发展模式

"两山"转化在实施过程中不仅要在保留乡村原有风貌的基础上进行合理的空间布局和生态修复，还要依托乡村的生态资源优势，发展特色生态产业，提升乡村的经济实力，践行"绿水青山就是金山银山"的战略理念，促进乡村特色产品的生态工业化生产。利用现代科技手段和创意设计理念，将乡村的绿色生态优势转化为具有市场竞争力的特色生态产品，实现生态价值向社会效益、生态效益和经济效益的全面转化，促进产业经济发展。

3. 促进乡村旅游发展

乡村的自然生态价值也为乡村旅游业的发展提供了得天独厚的优势，推进了旅游业与农业融合发展，可积极发展观光农业、生态农业、休闲农业及创意农业，将山水林田湖等农业资源与旅游元素相结合，为游客提供丰富多样的旅游体验。同时深度挖掘传统乡村文化资源，推出具有乡土气息的旅游项目。让游客亲身体验农耕文化，深刻感受乡村生活的魅力[30]。

（二）红茶小镇"两山"转化规划实践

1. 红茶小镇概况分析

（1）区位交通

红茶小镇处于环珠三角一小时经济圈内，省道S252线从红茶小镇内部穿插而过，周边有汕昆高速、京港澳高速、韶新高速等高速公路，区域交通条件优势显著。红茶小镇串联东华镇和横石水镇，共2个社区和5个行政村。

（2）发展基础

英德市被誉为"中国红茶之乡"，是我国重要的红茶产区之一，也是广东省最具代表性的红茶产区之一，其红茶闻名遐迩，源自其悠久的茶文化和不断的创新发展。在茶叶科研和规模化生产方面，红茶小镇具有良好的发展基础，不仅拥有广东省农业科学院茶叶研究所，还打造了英红九号红茶庄园、八百秀才英德红茶科技创新示范基地等规模较大的生产园区。英德红茶小镇以"科技支撑产业、创新驱动发展"为指导思想，致力于建设成为英德甚至广东红茶产业的重要支柱，成为现代茶叶高新技术研究的创新孵化转型平台和现代农业创新的典范基地。

同时，英德市注重文化挖掘和旅游开发，打造出一系列具有英德特色的茶旅产品，发展茶园观光和茶文化体验的特色乡村旅游项目，进一步推动红茶文化发扬光大。2005年东华镇启动红茶小镇旅游文化节，为发展旅游业、文化创意产业和特色餐饮等配套产业提供了依托。2018年东华镇被评为"广东省特色小镇示范点"。但目前旅游资源的开发利用整体还处于较低水平，游客服务中心、主题酒店、特色民宿等旅游配套设施不足，旅游服务缺乏及接待能力较弱。

（3）生态、人文景观

红茶小镇所在地位于丘陵山区，范围内有农田、果园、茶园、山林、池塘等要素。红茶小镇生态景观资源丰富，山清水秀，但资源分散，尚未被统筹利用。历史文化底蕴深厚，古迹众多，但未充分挖掘其历史价值，历史建筑缺乏维护，存在风化破损、年久失修等问题。此外，由于早期的村庄建设缺乏规划，新旧建筑混杂无序等原因，古围屋的价值无法体现（图6-15）。

图6-15　红茶小镇现状

（4）历史文化底蕴

东华镇的五七干校是1968年"八百秀才"知识分子下乡劳动学习的旧址。八百秀才是指清乾隆年间，东华镇有八百名考生在一次乡试中考中秀才，成为当时全国乡试最高纪录。这一历史事件被誉为"八百秀才登科"，成为东华镇历史文化的重要象征。东华镇八百秀才历史文化资源主要包括八百秀才祠、八百秀才古迹群、八百秀才文化节等。八百秀才文化节于每年的五月初五至初七举办，以纪念八百秀才登科的历史事件，文化节主要包括祭祀活动、文艺演出、民俗展示等活动。但"八百秀才"这一珍贵的历史文化遗产亟须保护和活化利用[31]。

（5）乡村建设风貌

红茶小镇各行政村的公共服务设施基本齐全，部分村口标识、指引牌及少量宣传牌已建成。由于缺乏连片统筹设计，已建成标识的系统性不强。红茶小镇道路路面已全部实现硬底化，但由于缺乏维护，部分路面已出现开裂、破损现象；部分道路、桥梁需修缮、加固和拓宽。道路两旁以林地、农田为主的路段，景观风貌较好。但部分以民居为主的路段，乡村风貌杂乱。部分路段如黄陂村路段、横石水镇横石社区路段民居已进行外立面整治，但建筑风格不统一，需进一步优化提升建筑立面风貌。因部分公共设施缺乏维护而导致环境脏乱、公园绿地利用率低，公共空间及公共设施建设有待提升。

2. 以生态为导向促进红茶小镇茶山建设

纵观红茶小镇的发展，主要是依托良好的生态环境，进行红茶种植及产品经营，形成了地方品牌，获得较高的经济收益。基于生态文明理念，红茶小镇宜进一步保护和发挥生态资源的价值，提升关联产业开发价值，形成独具特色的红茶小镇综合业态，推动乡镇经济的繁荣发展，实现"绿水青山"和"金山银山"的价值双向转化（图6-16）。

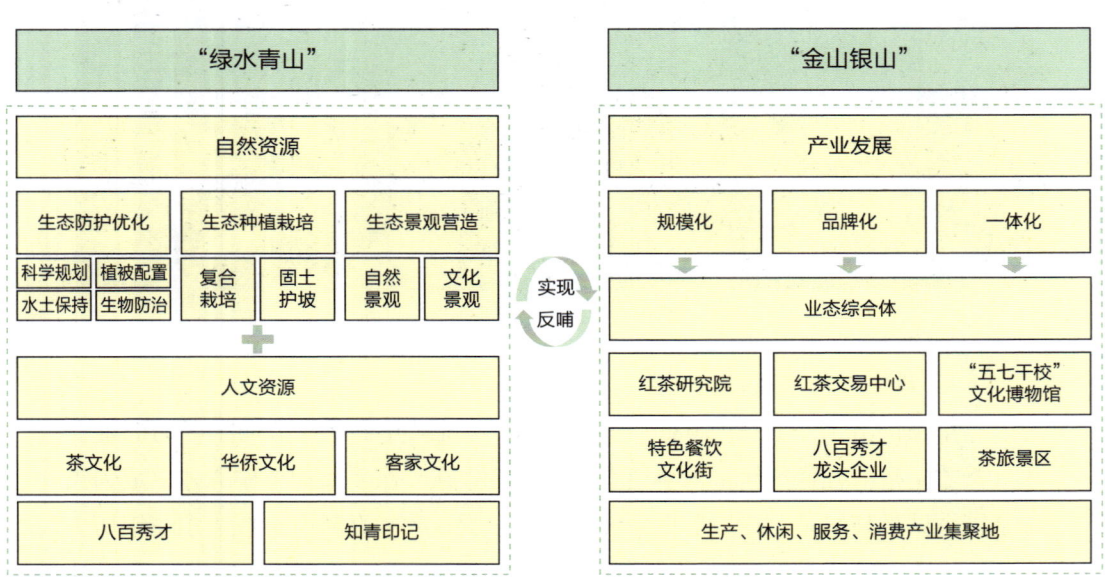

图6-16　红茶小镇"两山"价值双向转化

（1）茶园生态防护优化

茶园生态防护是实现茶园可持续发展的重要手段，对于提高茶叶品质、维护茶园生态平衡、防止水土流失等方面具有重要意义，具体措施如下：

科学规划空间布局。在生态茶园建设过程中注重保护和改善自然地形地貌，如地形、气候、土壤等自然条件，在现有地形基础上进行优化调整，顺应自然，杜绝人为破坏行为，做到人与自然和谐共生。同时要合理布局茶树种植区、道路交通、水利设施等，使茶园的生产与生态保护相结合，提高茶园的生态效益和经济效益。

优化植被配置。在配置植被时，要考虑植被与茶树的共生关系和生态互补性。可选择一些适宜当地气候和土壤条件的植物品种，以增加茶园的生物多样性，提高茶园的自我修复能力。同时，要注意避免选择与茶树存在竞争关系的植物。

采取水土保持措施。如修建梯田、设置排水沟、种植绿肥植物等，以防止水土流失，保护土壤资源，注意合理施肥和灌溉，促进茶树的生长和发育，提高茶叶的品质和产量。

采用生物手段防治虫害。积极保护和利用天敌，如寄生蜂、瓢虫等，以控制茶树病虫害的发生和为害。可以选用一些生物农药，如微生物农药、植物源农药等，以减少化肥和农药的使用量，降低其对环境的污染。

（2）茶园生态种植栽培

良好的生态环境是茶园可持续发展的前提，是优质茶叶产出的根本保障。红茶小镇通过采用复合栽培和在茶园梯田、山坡上进行固土护坡两种模式优化茶园生态环境，实现茶园的生产、生态和景观三方面的协调发展。

复合栽培模式为茶园带来了多样化的土地利用方式。此模式考虑到了植物对自然资源的需求差异，允许茶园内不同生物适应不同的光、热、水资源，提供了更加丰富和有效的土地利用方式。种植形式主要分为茶树模式和茶草模式，茶树模式即引入遮阴乔木调节茶园内的光照和温度，避免茶叶新梢受到夏秋高温的灼伤，同时打造出错落有致的乔木与灌木景观。茶草模式则专注于茶行间的绿肥或豆科作物种植，这些植物能固定氮气、减少水土流失。

利用植物固土护坡防止水土流失，从而稳定茶园的梯田和坡地。红茶小镇利用上述方法解决了茶园土地脆弱性的问题，同时也提升了茶园的整体生态美感。护坡景观的塑造主要通过在坡地上广泛栽种不同植物来实现。一是利用坡度种植保留浅根系的原生野草，这种做法在茶园管理中无须频繁割草，仅需轻微修剪就能保护坡地土壤。二是人工选育适合护坡的植物，打造出人工化的护坡景观，与整齐有序的茶田交相辉映，打造出和谐、优美的景观。

（3）茶园生态景观营造

在生态茶园的建设中，红茶小镇除了保护生态环境外，还注重营造茶园生态景观，包括保留和提升自然景观、传承和展示当地茶文化等方面，建设出具有优美生态环境和丰富文化内涵的生态茶园。

保留与提升当地的自然景观，尽可能保留原有的自然景观，如山林、溪流、植被等。充分利用现有山水景观资源，可修建步道、观景台等让游客更好地欣赏山水的美丽。同时，保留原有的植被，并通过种植不同的植物，打造出丰富的植被景观，例如，种植花卉、草本植物等，增加茶园的色彩和层次感。同时，也要注意保护茶园的植被资源，防止因过度开发导致生态失衡。

在生态茶园的景观营造中，文化景观的营造也是非常重要的。文化景观是指与当地茶文化相关的景观元素，可通过文化景观的营造进而传承和展示当地的茶文化。在文化景观的营造中，可建设茶室、茶艺馆等传统建筑，作为展示当地茶文化的窗口，展现地域文化魅力。同时，还可以将文化元素融入生态茶园的建设中，例如将茶文化元素与现代艺术相结合，通过创意设计，将当地的茶文化故事和传说呈现出来，营造出独特的景观效果。

3. 充分挖掘乡村生态文化底蕴以促进经济价值转化

（1）生态文化价值转化内涵

"两山"理论强调在经济社会发展中注重生态保护和生态优化。乡村振兴本质上也是一种绿色、无污染的发展方式，体现了"两山"理论的生态价值优势。英德市红茶小镇通过充分挖掘乡村本土生态文化价值优势，以"八百秀才"文化为依托，打造了八百秀才龙头企业，将生态文化价值转化为生态工业、生态旅游业等经济价值，实现乡村产业绿色和可持续发展，引领乡村振兴，同时更具乡村本土文化特色。

（2）文化价值推动产业发展

探索新的茶旅模式。以红茶产业为核心，通过深度体验茶文化、华侨文化和客家文化等，致力于打造一个涵盖旅游、社交、休闲和度假等多重功能的红茶特色小镇。其目标是形成崭新的茶旅模式，展现文旅融合的独特魅力。

策划活动提高游客参与感。红茶小镇在文化振兴中可通过策划和组织各种与茶文化相关的活动，如红茶发展历程解说、茶道礼仪展示、茶叶制作工艺体验等，让游客更加深入地了解当地的茶文化，提高游客参与感和增强文化趣味性。

还可通过开设茶文化课程、举办茶艺培训等方式来推广和普及茶文化知识，吸引更多的游客前来体验和学习，为当地的旅游业增添新的发展动力。

推动区域品牌建设。红茶小镇在产业发展过程中融合了茶文化和英红文化等本土文化资源，以生态茶园建设为依托，实现红茶产品绿色化、品牌化，进而推动产业的繁荣发展，实现文化与经济的有效转化。

4. 发挥生态价值，促进以红茶为核心的相关产业发展

（1）产业发展思路

红茶产业发展的规模化、品牌化、一体化三大路径，共同构建了全方位、多层次的产业生态，为英德红茶产业的可持续发展奠定了坚实基础，推动红茶产业的全产业链优化和升级。

红茶产业规模化。英德八百秀才茶业有限公司是省级重点农业龙头企业，其茶园占地面积超过9 000亩，荣获华南农业大学教学实践基地和广东省农业科学院茶叶研究所红茶科技创新示范基地的认定，同时也是广东省茶产业联盟的重要共建单位。英德八百秀才茶业有限公司通过有效的组织和引领，协助其他合作社共同实现农业规模化生产，并构建了红茶交易、产品研发、人才孵化和农产品供应链管理四大平台。

红茶产业品牌化。进一步强化"英红九号"的品牌影响力，同时深度挖掘金萱、水仙、金牡丹、梅占等40多个特色红茶品种的独特优势。通过八百秀才英德红茶科技创新示范基地和华南农业大学八百秀才产学研综合应用平台的科技支撑，将茶文化、英红文化、华侨文化和客家文化进行有机融合，旨在打造一个集红茶产业、文化旅游、科技创新等多功能于一体的红茶小镇高品质旅游品牌。

相关产业发展一体化。红茶小镇规划在核心区域——黄华社区规划主题绿道，把各村、茶田、景点串联，优化产业布局，以红茶小镇的产业基地、展销平台和物流中心为支撑，形成集生产、休闲、服务、消费于一体的产业集聚地，促进品牌农业、文化产业、旅游业融合发展，同时丰富小镇业态，提升茶园生态景观，达到茶园景区一体化，实现乡村产业振兴。

（2）产业发展格局

根据红茶小镇乡村振兴示范带与示范带的地理位置、企业集聚特点，规划打造综合产业服务片区，为区域范围内的企业提供公共设施保障，并增加相应的基础设施，其中包括打造示范带入口标识、绿道、红茶产业物流中心、供应链管理平台、农耕体验园、瀚江生态公园等项目。红茶小镇总体以东华镇黄华社区红茶

产业为核心，整合东升村、黄陂村现有红茶产业资源和农业产业资源发展茶旅、农旅产业，同时辐射带动横石水镇甘蔗产业发展。重点建设红茶研究院、红茶交易中心、"五七干校"文化博物馆、特色餐饮文化街等项目。

（三）优化"两山"转化路径研究

随着生态环境问题的日益严峻，以及消费者对于绿色健康产品需求的增加，生态产品已成为当今市场的一股重要力量。红茶小镇以优势茶叶产业为基础，以农文旅融合推动生态产品价值实现，探索出"两山"转化的实践路径。

1. 促进生态资源的保护与修复

通过精细化规划和实施一系列生态保护措施，优化生态防护系统。不仅要科学配置适应地域特点的植被，还要实施有效的水土保持策略。在推进生产的同时，着重考虑生态和景观的和谐统一。此外，对自然景观也要进行精细化的保护和提升，可将当地独特的文化元素巧妙地融入到产业的建设中。不仅能丰富文化内涵，也能提升整体的生态美学价值。同时可增强产业的经济和生态效益，推动整个产业的可持续、健康发展。

2. 构建文旅融合产业发展体系

通过创新发展模式将当地特色文化和旅游融合，打造文化产业链和农民增收平台，促进当地经济的发展和乡村振兴。例如，建立文化馆、文旅景区等生态旅游项目，提供就业机会和增收途径，同时也可以举行各类与文化相关的旅游活动，吸引游客参与和招商入驻，推动当地的旅游发展。通过构建完整的产业融合发展体系，深挖生态产品的内在价值，实现生态产品的价值和产业的可持续发展，促进经济繁荣和乡村振兴。

3. 实现"金山银山"价值转化

基于自然生态资源和文化资源底蕴的"绿水青山"财富，推动产业规模化、品牌化、一体化发展，建立了全面且多元化的产业生态系统，同时进行资源整合，以发展农文旅为主导，丰富小镇的旅游业态。首先，实现"绿水青山"向"金山银山"的价值转化。其次，产业的蓬勃发展提高了经济收入从而为"绿水青山"提供了资金保障，为生态价值的修复与保护利用提供反哺价值，实现了"绿水青山"与"金山银山"价值的良性双向转化，为可持续发展打下了坚实的基石，从而实现了乡村产业的振兴。

（四）结论与启示

"两山"转化并不是简单的环保和经济之间的单向关系，而是强调在发展中实现保护与利用的良性互动，内在逻辑是以生态保护促进经济发展，以经济发展保障生态保护。基于"两山"转化的发展理念，红茶小镇通过优化生态环境、挖掘文化资源等绿色无污染的方式推动当地产业的繁荣发展，"两山"资源相辅相成互相转化，促进乡村振兴发展。

良好的生态环境和丰富的人文资源是乡村天然而成的优势，在乡村振兴的调研访谈中，多数村庄微薄的经济收入是制约乡村发展的最大因素，如何推动产业发展，提高经济收入是我国乡村发展的一大难题。因此"两山"转化理念的提出为解决当前严峻的生态环境保护问题和解决乡村现代化进程中的难题提供了行动的指引，该理念强调将生态优势和经济发展有效结合，充分发挥生态优势。"两山"转化是实现乡村振兴的重要途径。因地制宜地利用好乡村的自然资源、生态要素和环境容量，才能实现乡村的经济繁荣、生态和谐与可持续发展。

推进"两山"转化是长期而艰巨的任务，当前存在的主要问题包括转化机制有待完善、实践探索缺乏系统性、转化渠道不畅等。下一步应加快建立健全生态产品价值实现机制，完善相关政策法规，推动全民形成崇尚生态文明的社会共识。

（黄诗韵）

八、大站镇：文化导向推动乡村振兴

2021年，中共中央、国务院发布的《中共中央　国务院关于全面推进乡村振兴加快农业农村现代化的意见》指出要全面推进乡村产业、人才、文化、生态、组织振兴。同年，《中华人民共和国乡村振兴促进法》正式颁布实施，指出要统筹推进农村经济建设、政治建设、文化建设、社会建设、生态文明建设和党的建设，并提出要有计划地建设特色鲜明、优势突出的农业文化展示区、文化产业特色村落，发展乡村特色文化体育产业，推动乡村地区传统工艺振兴，活跃繁荣农村文化市场。乡村振兴是实现中华民族伟大复兴的一项重大且紧迫的任务，文化振兴是实施乡村振兴的重要内容和力量源泉。过去，在城市化发展中，传统文化保护与经济发展一直是一对难以平衡的矛盾。而目前，机遇伴随着挑战而生，在国家大力推进文化振兴的政策引导下，以及在目前国人文化认同感和文化精神生活需求都逐渐提升的趋势下，文化资源将转化为促进乡村发展的优势资源，为部分地区的乡村发展提供新的思路。

广东各地区发展不平衡问题相对突出，目前广东省乡村振兴相关实践主要集中在广州、佛山、深圳，粤西、粤东、粤北欠发达地区的乡村发展问题一直是广东乡村振兴工作的难点。然而，粤东西北地区正因为经济发展缓慢，历史文化资源受到不良开发和人为破坏的程度较低，乡村文化传统亦得以保留。其中，大站镇位于粤西地区，隶属清远市英德市。大站镇现存的传统民居建筑群数量多、体量大、保存较完整，且传统村落脉络清晰，蕴藏着丰富的历史信息和文化景观，彰显着岭南地区传统建筑文化特色。同时，现存的大站灌渠、猫儿石古码头、园林景石路，分别诉说着大站镇的农耕文化、渔耕文化、园林文化历史，为大站镇的文化底蕴赋予了多样的色彩。

大站镇中东部是英德市新城区建设的战略地区，新城区周边的乡村受城市虹吸效应明显，其乡村文化保护如何与经济社会发展并行是具有重要研究价值的课题。笔者以粤北地区英德市大站镇为案例，梳理基于大站镇资源特点形成的文化导向乡村发展策略，借此探索以文化为导向的乡村振兴路径，为相关研究与实践提供参考。

（一）文化导向下的乡村振兴内涵

以文化为导向的乡村发展模式在欧洲已经较为成熟[32]，这种以乡村本土文化为重点的发展模式称为文化引领乡村振兴（culture-led rural revitalization，CRR）模式。如今，国内全面实施乡村振兴的政策背景强调了全方位的乡村重塑计划，不少地区也在探索以乡村传统特色文化为线索的乡村振兴路径，以期通过文化建设活动实践实现地方文化传承、综合经济发展、乡村社区自治等多级效益的乡村振兴模式。通过系列案例研究得知（表6-2），文化导向的乡村振兴建设实践通常涉及乡村文化场所营造、乡村文化活动策划，以及支持乡村文化活动开展的乡村公共服务配套设施建设。

表6-2　文化导向的乡村振兴案例研究汇总

相关案例	实践概况
广州"蓝田计划"	2008年，广州美术学院师生与沥滘村村民共同修整村内破旧祠堂作为展厅，举办展览，以展览的方式讲述村庄的历史故事
坪山美术馆四季学术沙龙	举办2020年夏秋专场"作为田野的珠江三角洲"活动
甘肃"石节子美术馆"	2009年，叶堡乡石节子村村主任（艺术家、大学教师）与村民一起将村庄生活空间打造成一座无墙、无边界的美术馆
浙江松阳"艺术乡建"	政府驱动学界、艺术家、村民等多元主体开启松阳县"建筑针灸""拯救老屋行动""乡村博物馆及工坊"等项目
河南郝堂村乡建（2013年全国第一批美丽宜居村庄示范）	开展庙宇修复，旧房改造及文化村示、手工坊、新民居等的建设，保护农田、河道、石拱桥、水系、荷塘等自然要素，以及维护具有豫南民居特色和楚文化特征的村庄生态格局
贵州黔西南布依苗族自治州新型城镇化项目	雨补鲁村、板万村，将建筑改造与传统文化保护、非遗扶贫相结合，开展了传统村落保护与改造项目
安徽"碧山计划"	将碧山村落打造成旅游景点，改造当地的旧民居，建设碧山书局、理农馆等场所，举办"碧山丰年庆"活动
山西"许村计划"	由艺术家和许村村民一起进行老宅修复，建立许村公社，举办两年一届的"许村艺术节"
佛山"青田范式"	广东工业大学师生在青田村开展古宅修复和举办乡村文化活动，邀请专家学者开展乡村调研，倡议设立"乡村文化活动日"等

1. 依托乡土文化景观资源营造乡村文化场所

乡村文化场所营造对于保存地方传统风貌及塑造地方文化环境具有重要意义。乡村文化场所营造常见的实践形式包括基于既有历史文化进行文化场所营造，也包括基于乡村的现状特色进行新文化的赋予、表达与创造，塑造艺术性文化景观。其中历史文化场所营造，是指以历史文化遗产、地质遗迹、文化风景线等为基础，通过修缮、保护、开发、利用和创新，将其转化成为规范、有序、系统和实用的文化场所。艺术性文化景观塑造则更常见，指通过艺术手段对地域环境、公共区域进行美学塑造和艺术装点。乡村文化场所营造的参与主体常见以政府部门、文化主管部门为主导，高校、艺术家等社会力量提供技术支持（图6-17）。

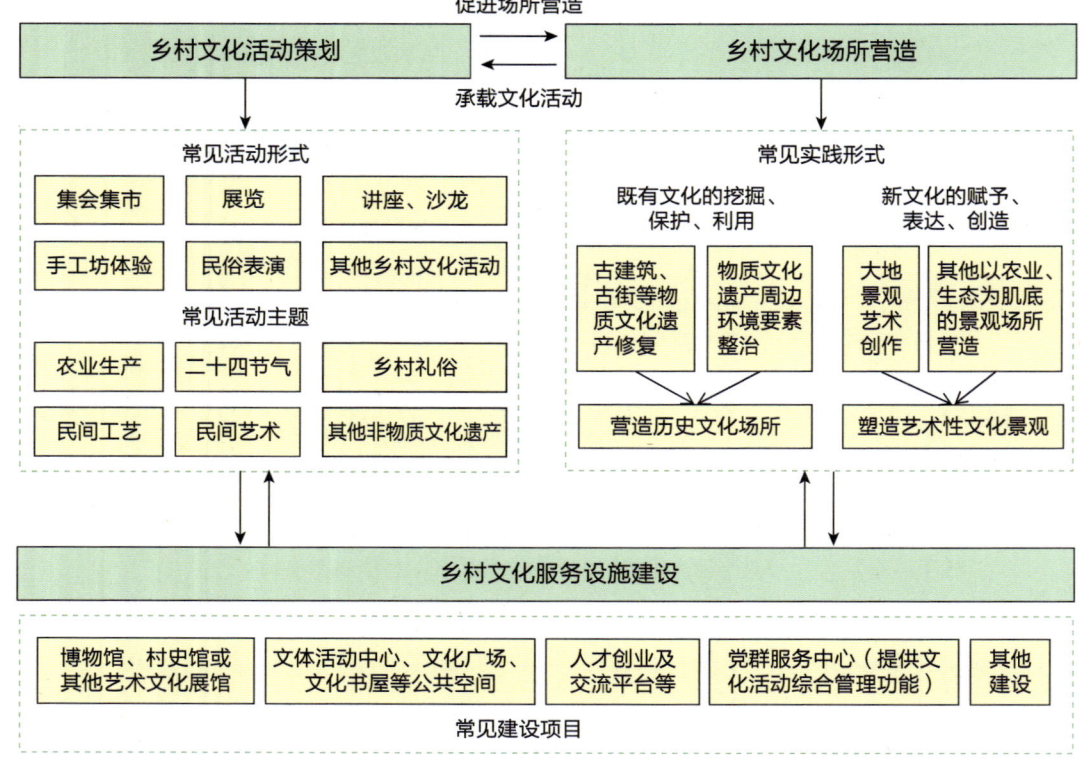

图6-17 文化导向下三类乡村建设实践及其相互影响机制

2. 策划乡村文化活动以传承和发扬乡村文化

乡村文化活动的主题通常结合当地的文化特点、历史传统、自然风景等因素来确定。常见的乡村文化活动包括乡村文化展览、特色节庆、农贸集市、文艺演出等。乡村文化活动通常涉及多类型参与主体，例如当地村民、文艺团体、政府机构，以及其他社会组织。举办乡村文化活动是传承和弘扬乡村文化的重要途径，为村民及外来游客提供更多样、更深入的文化体验，同时在推动乡村文化发展和提高乡村社区凝聚力方面发挥着重要作用[33]，但多数乡村文化活动策划实践由于缺乏长期规划和绩效评估机制，村民参与度不高、人才短缺，存在活动开展持续性不足、活动效益不明显的问题。

3. 引导多元主体参与乡村文化服务设施建设

乡村文化服务设施常见为文化活动中心、图书馆、美术馆、剧院、展览馆，以及文化传播平台等，是为村民提供文化娱乐和知识服务的场所。同时，完善村委会、文体活动中心、人才创业及交流平台等公共管理服务设施，支持乡村文化活动综合管理。乡村文化服务设施建设通常以政府部门为主导，社会力量可以参与乡村公共服务配套设施的管理方面的工作。比如，非政府组织可以提供公共服务综合协调管理服务，企业可以为公共服务配套设施提供特定材料和技术支持。目前，乡村公共服务配套设施的运营及维护由于资金投入不足而存在可持续性不足的问题。

（二）大站镇文化导向推动乡村振兴规划实践

1. 大站镇概况分析

（1）区位交通

大站镇位于广东省清远市英德市中部，是英德市联系南北的门户。大站镇水陆交通十分发达，北江和京广铁路贯穿南北，英德火车站坐落在大站镇中心，银英公路、英佛公路直通广清高速公路，从大站镇出发到达珠三角各市区只需1～3小时的车程。大站全镇辖12个行政村（社区）。

（2）生态格局

大站镇乡村振兴示范带位于北江与翁江汇合处，水系发达，土壤类型多样，植被丰富，山林地众多。大站镇内有较多的农田及鱼塘，整体构成了"西临北江—东靠山林"的山水田园交融的生态格局。

（3）产业概况

大站镇农业以种植业为主，"一村一品"特色明显。种植业方面，农田集中连片，撂荒农田较少，粮食作物以水稻为主。经济作物包括果蔗、花生、桑叶、茶叶、辣椒、甜玉米等。养殖业方面，由于水源丰富、鱼塘众多，渔业养殖产业基础较好，水产品丰富。山林地多，适宜发展林下经济，重点建设的有板蓝种植园、兰花种植场、灵芝种植园、茶园等项目。

第二产业方面，以国道G240线沿线分布的混凝土等建筑材料的生产厂为主，主导产业不明显，缺乏龙头企业。农产品加工厂现有广东慢点生活生态农业有限公司和樟滩村茶园，其中樟滩村已有"洞尾春"和"洞尾秋"两个茶叶品牌。波罗坑村现有两个光伏鱼塘项目。其他规模以上企业主要有英德卓佳玩具有限公司、英德市茂鑫生物环能科技实业有限公司、英德市新合丰商用设备有限公司等。

第三产业方面，乡村旅游发展基础较好，初步形成了洞尾生态旅游村、英德市大站镇森巴农庄、慢点生活茶园、大蓝村驿站、亲子农场等休闲农旅景点，主要开展生态观光、露营、采摘等旅游项目。总体而言，旅游资源虽然类型多样，但其开发水平不高，许多景区处于未开发或者正在开发的阶段，已经开发的旅游资源未形成集聚效应和品牌效应，难以满足多层次的现代旅游市场需求。

（4）历史人文资源

大站镇文化资源丰富。其一，镇内现存大站灌渠建于明清时期，是大站镇重要的农耕历史文化遗产，古灌渠建筑结构保存良好，全长约500米，与周边农业景观相互映衬，具有较大的旅游开发潜力。其二，镇内许多传统村落的脉络保存完整，现存众多传统特色民居，虽然大部分民居缺乏修缮，但基本保留了乡村传统建筑特色风貌，以及"背山面水"的传统村落基本格局。同时，镇内现存较多寺庙宗祠建筑，包括莫氏宗祠、东山古庙、东华寺、杨屋庙等，其中莫氏宗祠为一般不可移动文物。另有较多古树资源，如大站社区海红豆树、景头村桂花树等。其三，大站镇有较深厚的渔耕文化历史底蕴，现存联丰村猫儿石码头，为市级文物保护单位。其四，大站镇有较为显著的园林景石产业文化，国道G240线沿线分布有大量园林景石场，销售、展示黄蜡石、英石等石材，形成独具特色的道路景观风貌（表6-3，图6-18）。

表6-3　大站镇文化资源统计

资源类型	资源名称	定级情况	建议保护范围
农业文化遗址	大站灌渠	一般不可移动文物	全线约500米
传统特色风貌民居建筑群	波罗坑村镬耳楼	市级文物保护单位	现有建筑群、路巷、建筑前后广场、建筑前水塘以及周边农田和自然植被
	菜洲村古庙旧屋址	未评级	
	樟滩村旧屋址	未评级	
	景头村旧屋址	未评级	
	大蓝村旧屋址	未评级	
寺庙、宗祠	莫氏宗祠	省级文物保护单位	建筑主体及周边自然景观
	东山古庙	未评级	
	东华寺	未评级	
古码头	猫儿石码头	市级文物保护单位	码头及周边自然景观
古树	海红豆树	未评级	以古树为中心，保护半径为30米范围内
	桂花树	未评级	
	相思树	未评级	
其他	景石路（国道G240线路段）	未评级	全线约2 000米

图6-18　大站镇现状

（5）发展问题

1996年开始，英德市委、市政府把大站镇列入中心城市东区进行规划建设，大站城镇化、工业水平逐步提高。大站镇是英德市"一江两岸"中心城区的重要组成部分，是英德市的门户，也是英德市重点经济开发区之一。随着大站镇城镇化发展进程的推进，其乡村面貌遭受前所未有的冲击，如何将现有的乡村文化特色传承与乡村经济社会发展有机融合，是大站镇乡村振兴规划需要思考的问题。

2. 建设农文旅深度融合乡村振兴示范带

确定"资源梳理—项目策划—效益评估—实施与反馈"的基本思路。大站镇的人口、农田、基础设施及公共服务设施建设主要集中在西部，西部地区与英德市区（英城街道）一江之隔，是大站镇经济社会发展的核心区，也是生态环境和文化资源保护的重点地区，因此本次乡村振兴规划实施在大站镇划定规划范围，总共涉及1个社区、9个行政村，分别是大站社区、联丰村、菜洲村、景头村、大蓝村、波罗坑村、樟滩村、丹洲村、江南村、大塘村。其中，大站镇文化导向的乡村振兴项目规划思路，具体包括规划范围内本地文化资源的梳理、文化导向的发展策略研究、发展策略与项目效益预估、规划项目的实施、项目实施与评估反馈等关键环节（图6-19）。

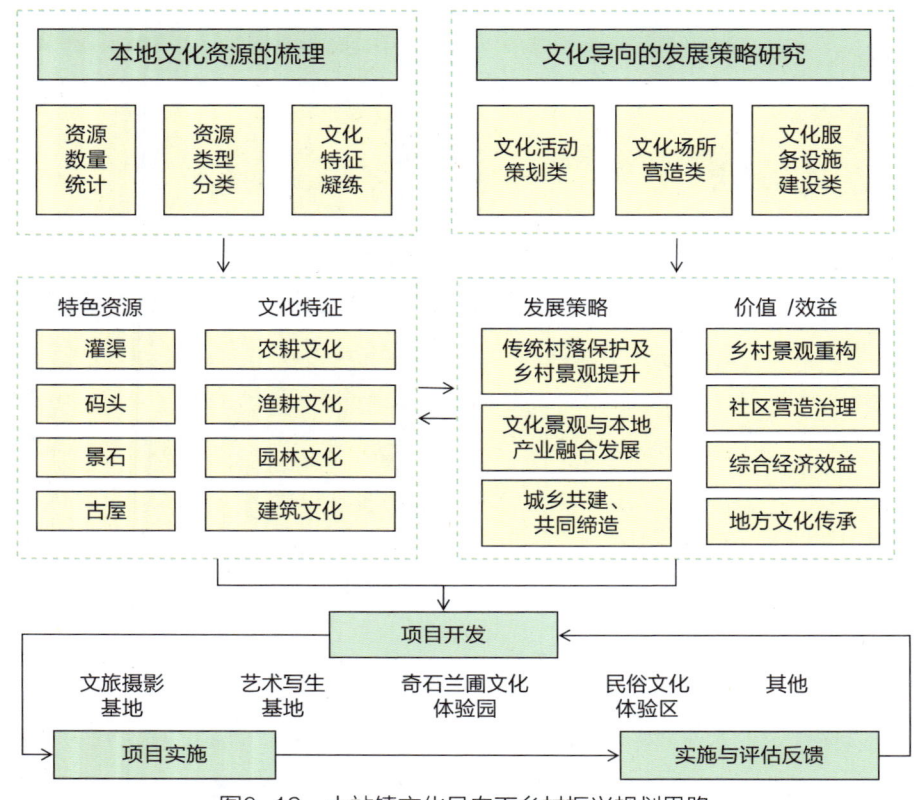

图6-19　大站镇文化导向下乡村振兴规划思路

明确文化导向的乡村振兴发展定位。大站镇乡村振兴发展方向为以文物古迹、农林景观为基础，打造集特色农业观光、农耕文化研学、原乡艺术体验为一体的农文旅深度融合乡村振兴示范带。规划结构为"一带一心五片区"；一带即沿国道G240线对沿途村庄开展景观风貌提升工程建设，打造美丽乡村景观风貌带，具体包括道路黑底化、建筑外立面改造、标识系统建设及景观节点打造；一心是指以大站社区为中心，综合提升其产业发展服务功能、基础设施及公共设施服务功能、综合旅游服务功能，大站社区作为大站镇城镇化发展的核心区，与北江西岸的英城街道形成有效联动，支持英德市"一江两岸"新城区建设；五片区包括现代农业示范区、生态康养旅游区、城镇综合服务区、特色风貌展示区、北江生态保护区。

3. 推进传统村落保护及乡村景观提升

保护传统村落格局与建筑，优化公共空间。保留传统民居建筑群的基本脉络、空间格局，保护特色古建筑，推进老旧农房修缮，提升现代建筑风貌，优化乡村集会和村民日常休闲活动的公共空间，打造村史馆、私塾文化馆、农耕博物馆及文体活动广场。

提升乡村景观风貌。以北江沿岸风光、田园风光、山林风光为特色，结合奇石、秀山、碧水、良田资源，提升周边道路风貌和建筑风貌，整治村庄人居环境，置入多样景观设施，于大站社区、樟滩村、景头村、大蓝村、波罗坑村打造多个艺术写生基地。

4. 促进文化景观与本地产业融合发展

挖掘本地产业的文化和旅游价值。挖掘奇石产业文化属性和旅游价值，串联国道G240线沿线各个石场，整合现有园林资材企业，打造园林式石材展销中心，形成专业的庭院资材展示平台。盘活菜洲村传统特色民居，打造集奇石文化展示、兰花盆景观赏、假山盆景制作体验等功能于一体的奇石兰圃文化体验园。

围绕核心资源重塑农耕文化景观。以大站灌渠为核心资源，将其作为重现农耕文化的重要载体，并引导示范带西南片区的村庄发展生态农场，利用现有蔬菜大棚、香蕉田、冬瓜田等产业资源发展观光农业，以"绿色田园"为基础，导入"参与体验"活动，开展与摘果、收稻相关的艺术田园研学等旅游项目。

5. 注重城乡共建、共同缔造的基础性建设

编制乡村振兴示范带规划。大站镇乡村振兴示范带规划通过对乡村地区实施风貌改造和完善服务设施提供指导，建设一批乡创基地，吸引乡村创业创新青年人才驻扎，以文化创业、农业创业、生态创业、旅游创业等"乡创"功能为核心，共建一体化创新创业服务基地，促使更多外部艺术资源进入乡村，为艺术家和规划师驻村提供条件，使艺术助力乡村建设。

成立"共同缔造"工作坊。将工作坊作为一个核心的操作平台，让公众参与到人居环境提升、社区治理等各方面工作中，实现共同缔造美好环境与幸福生活的愿景，促进城乡融合发展。

（三）文化导向下乡村振兴路径探索

1. "软硬兼施"推动文化遗产保护与文化场景重塑

文化遗产保护与文化场景重塑，是基于现有优质历史人文景观保护，以及在坚持保护原生态、原产权、原居民、原民俗的前提下，挖掘提炼文化特色及其资源价值，促进文化产业发展，实现资源的高效利用。其中，文化场所营造和服务设施建设是"硬建设"，文化活动策划是"软设计"，乡村文化活动策划与乡村

文化场所营造、文化服务设施建设之间具有相互促进的关系。乡村文化活动的开展，需要物质空间承载，以活动需求为导向，聚集人才及资金，驱动乡村文化场所提升及文化服务设施建设。而场所与服务设施的完善将为乡村文化活动策划创造客观条件，为活动参与者提供更丰富多元的文化体验场景，从而促进活动的长期开展。

2. 建立文化产业发展与文化遗产保护的良性循环

文化导向的乡村发展模式强调在乡村建设中挖掘和保护本地文化资源，加强文化产业的发展，以文化产业来推动乡村经济发展，再将经济增长反馈到乡村文化的保护、传承和创新工作中，建立良性的循环。这种模式中，文化被视为乡村经济的重要组成部分，被视为推动乡村经济发展的动力，通过采取一系列的文化产业开发措施，实现乡村就业岗位增加、乡村集体收入提升。同时，将部分人才及效益用于进一步推动文化资源保护、文化创新、价值转化的工作中，经济增长又反哺乡村文化发展和环境改造，实现乡村经济文化生态可持续发展。

3. 多元主体协作促进乡村振兴实践项目的全生命周期管理

城乡共建、共同缔造是发动群众共建共治共享的有效方法，要求以问题为导向、以群众为主体、以村落的空间为载体，形成村落行动，探索形成一套创新社会治理的机制和体制。过往，以政府为主体开展的乡村建设，大部分施工团队对挖掘乡村本土特色进行创作的能力不足，导致乡村建设出现千村一面、景观风貌同质化的现象。而在由策展人、艺术家主导的文化艺术乡建活动或周期性文化艺术活动中，村民参与乡村资源活化是乡建项目实施的关键。以文化助力乡村建设，需要调动当地村民的参与热情，激发当地村民参与文化建设的主动性。通过公众参与、多元主体协作，可以促进乡村文化实践的有效建设和科学管理。

（四）结论与启示

"乡村"不仅是一个简单的区域概念或地理符号，它还是相对于现代法理社会而言的一种文化共同体，承载乡土精神、文化根脉和集体记忆，扎根于我们的文明土壤中[34]。文化导向的乡村建设实践涉及乡村文化场所营造、乡村文化活动策划，以及支持乡村文化活动开展的配套服务设施建设。其中，文化场所营造和配套服务设施建设是"硬建设"，文化活动策划是"软设计"。

在大站镇规划实践过程中，笔者总结出基于本土文化资源特色的发展策略，重点关注了三方面：文化遗产保护与文化场景重塑、文化景观与本地产业的融合、城乡共建与共同缔造。这三者对于文化遗产的保护、传承、再利用及延续乡村传统具有重要意义，对乡村经济发展、乡村环境提升具有推动作用，同时也有助于促进乡村振兴实践项目的全生命周期管理及可持续发展。

国内乡村现代化发展之路任重道远。文化导向的乡村发展路径，可为部分地区的乡村振兴实践提供新的思路，探索乡村文化特色传承与乡村经济社会发展有机融合的方法，以应对国内城镇化发展导致乡村特色风貌破坏、传统文化遗失的问题。但目前，以文化为导向的乡村振兴规划实践仍面临较多的难题。如何以文化的创新思维、创意特征、创造方式，去撬动乡村的形象提升、产业升级、生活改善，建构人与自然相互依存、共生发展的生态圈，仍需广大学者深入探索。

（李小霞）

后　记

　　本书主编专注乡村建设领域20多年，带领团队长期深入乡村进行调查研究，编制镇村规划百余项，完成乡村振兴研究课题及规划20余项。主编亲历了众多乡村从贫穷落后到焕发生机、活力的过程。这个过程缓慢而艰辛，但每一步都值得我们记录和思考。

　　本书从筹划到完稿持续了3年多，仍有诸多不尽如人意之处。主要原因是实施乡村振兴战略是个循序渐进的过程，而且每个地方都有其自身独特的条件，因此，对广东不同地区、不同时期乡村振兴路径的总结难免是片面的、局限的。尽管如此，我们希望本书描述的现状、问题，能反映广东实施乡村振兴战略的真实情况，所提出的策略、路径能有一定的借鉴意义。

　　本书是编写组劳动和智慧的结晶。同时，也有赖于各地镇村、帮镇扶村工作队对我们调研和访谈的支持和帮助。功不唐捐，玉汝于成。乡村的每一点改变，都是每一位乡建人共同努力的成果。希望在实施乡村振兴战略的道路上，更多人躬身入局，久久为功，砥砺前行。

徐永坚

2023年12月

参 考 文 献

[1] 黄秋燕. 改革开放以来中国共产党乡村建设的历程和经验研究 [D]. 西安：西安理工大学，2022.

[2] 中共中央，国务院. 中共中央　国务院关于做好二〇二三年全面推进乡村振兴重点工作的意见 [EB/OL]. （2023-01-02）[2023-12-14]. http://www.gov.cn/gongbao/content/2023/content_5743582.htm.

[3] 中共中央，国务院. 中共中央　国务院印发《乡村振兴战略规划（2018—2022年）》[EB/OL]. （2018-09-26）[2023-12-15]. http://www.moa.gov.cn/hd/zbft_news/xczxxwfbh/xgxw/201809/t20180926_6159028.htm.

[4] 孙瑞琪. 乡村地区的生态振兴经验及其启示——以日本为例 [C] //中国城市规划学会. 人民城市，规划赋能——2022中国城市规划年会论文集. 北京：中国建筑工业出版社，2023.

[5] 王敬尧，段雪珊. 乡村振兴：日本田园综合体建设理路考察 [J]. 江汉论坛，2018（5）：133-140.

[6] 罗馨茹. 韩国新村运动对我国乡村振兴战略的借鉴 [J]. 南方农机，2022，53（2）：111-113.

[7] 姚兴云. 中国新农村建设与韩国新村运动的若干社会政策比较研究 [D]. 咸阳：西北农林科技大学，2009.

[8] 安钦. 韩国现代化进程中的农村政策及对我国新农村建设的启示 [D]. 天津：天津大学，2012.

[9] 武小龙，刘祖云. 社区自助、协同供给与乡村振兴——澳大利亚乡村建设的理念与实践 [J]. 国外社会科学，2019（1）：30-39.

[10] 王盈盈，王守清. 生态导向的政府和社会资本合作（PPP+EOD）模式之探讨 [J]. 环境保护，2022，50（14）：44-48.

[11] 王宁. 乡村振兴战略下乡村文化建设的现状及发展进路——基于浙江农村文化礼堂的实践探索 [J]. 湖北社会科学，2018（9）：46-52.

[12] 陈野. 文化治理功能的浙江样本浅析——以农村文化礼堂为例 [J]. 观察与思考，2017（4）：85-92.

[13] 郭占恒. 新时代乡贤助力乡村振兴和共同富裕的浙江实践 [J]. 湖州师范学院学报，2023，45（5）：1-11.

[14] 黎玲. 乡村文旅融合对游客满意度的影响研究——基于场景理论的实证分析 [J]. 技术

经济与管理研究，2021（4）：100-104.

[15] 黄萍，黎玲，胡珑川. 乡村振兴下的四川乡村文旅融合：困境、路径及模式 [J]. 四川省干部函授学院学报，2022（4）：32-41.

[16] 赵敏娟. 中国现代生态农业的理论与实践 [J]. 人民论坛·学术前沿，2019（19）：24-31.

[17] 林巧，欧阳峥峥，孔令博，等. 美国农业绿色发展的政策演进及对中国的启示 [J]. 农业展望，2022，18（6）：10-17.

[18] 郑利杰，王波，朱振肖，等. 乡村生态振兴实践探索——以湖北长江三峡地区为例 [J]. 环境保护，2022，50（8）：64-67.

[19] 黄海云. 新时代重构中国传统农耕文化的思考 [J]. 沈阳农业大学学报（社会科学版），2020，22（2）：215-219.

[20] 周晴. 16—20世纪中期珠江三角洲北部低塱湿地的深水稻与水生植物 [J]. 广西民族大学学报（自然科学版），2013，19（1）：30-35，69.

[21] 张庆霞. 全域土地综合整治助力乡村振兴路径研究——以广州石滩镇为例 [J]. 价值工程，2023，42（33）：13-15.

[22] 李红举. 全域土地综合整治的新探索 [J]. 小城镇建设，2020，38（11）：1.

[23] 吴家龙，李红举，苏少青，等. 全域土地综合整治的理论基础与制度创新 [J]. 小城镇建设，2023，41（11）：55-60.

[24] 朱玉龙. 中国农村土地流转问题研究 [D]. 北京：中国社会科学院大学，2017.

[25] 黄约瑟. 农村土地经营权流转与劳动力短缺分析研究——基于广东省陆丰市西南镇青塘村的调查研究 [J]. 安徽农学通报，2008（9）：20-22.

[26] 张如林，余建忠，蔡健，等. 都市近郊区乡村振兴规划探索——全域土地综合整治背景下桐庐乡村振兴规划实践 [J]. 城市规划，2020，44（S1）：57-66.

[27] 谷树忠，王兴杰，鲁金萍，等. 农村土地流转模式及其效应与创新 [J]. 中国农业资源与区划，2009，30（1）：1-8.

[28] 田孟，贺雪峰. 中国的农地细碎化及其治理之道 [J]. 江西财经大学学报，2015（2）：88-96.

[29] 李静. 习近平"两山理论"及实践探索研究 [D]. 长春：东北师范大学，2020.

[30] 何仁伟. "两山"理论视角下的乡村振兴战略研究 [J]. 环境与可持续发展，2020，45（6）：98-99.

[31] 张慧平. 农业生产景观规划与利用研究——以广东省英德茶叶世界为例 [D]. 广州：仲恺农业工程学院，2017.

[32] 张子岩. 以文化为导向的乡村振兴模式探究 [J]. 建筑与文化，2022（1）：48-49.

[33] 李家彤，刘志刚，赵科印. 民间艺术植入乡村公共文化服务体系的探究 [J]. 中国集体经济，2021（11）：103-104.

[34] 王明亮. 从艺术的介入性和在地性角度看中国艺术乡践 [D]. 南京：南京艺术学院，2022.

附　　录

附录1　国家乡村振兴相关政策及内容梳理

发布时间	政策名称	发布机构	相关内容
2017年1月	《关于推进农业供给侧结构性改革的实施意见》	农业部	要重点抓好6方面36项重点工作。稳定粮食生产、推进结构调整、推进绿色发展、推进创新驱动、推进农村改革、完善农业支持政策
2017年2月	《关于创新农村基础设施投融资体制机制的指导意见》	国务院办公厅	到2020年，主体多元、充满活力的投融资体制基本形成，市场运作、专业高效的建管机制逐步建立，城乡基础设施建设管理一体化水平明显提高，农村基础设施条件明显改善，美丽宜居乡村建设取得明显进展，广大农民共享改革发展成果的获得感进一步增强
2017年2月	《关于加强乡镇政府服务能力建设的意见》	中共中央办公厅、国务院办公厅	到2020年，乡镇政府服务能力全面提升，服务内容更加丰富，服务方式更加便捷，服务体系更加完善，基本形成职能科学、运转有序、保障有力、服务高效、人民满意的乡镇政府服务管理体制机制
2017年4月	《农业生产发展资金管理办法》	财政部、农业部	共包含11类补贴以及党中央、国务院确定的支持农业生产发展的其他重点工作的资助，其中农村一二三产业融合发展支出主要月于支持农产品产地初加工、产品流通和直供直销、农村电子商务、休闲农业、农业农村信息化等方面
2017年5月	《关于开展田园综合体建设试点工作的通知》	财政部	18个省份开展田园综合体建设试点，中央财政从农村综合改革转移支付资金、现代农业生产发展资金、农业综合开发补助资金中统筹安排

续表

发布时间	政策名称	发布机构	相关内容
2017年10月	《中国共产党第十九次全国代表大会工作报告》	第十八届中央委员会	实施乡村振兴战略。坚持农业农村优先发展，按照产业兴旺、生态宜居、乡风文明、治理有效、生活富裕的总要求，建立健全城乡融合发展体制机制和政策体系，加快推进农业农村现代化
2017年11月	《关于政策性金融支持农村创业创新的通知》	农业部办公厅、中国农业发展银行办公室	充分认识政策性金融支持农村创业创新的意义，进一步明确政策性金融支持农村创业创新的目标任务，准确把握其重点范围，加快健全其推进机制
2017年12月	《关于规范推进特色小镇和特色小城镇建设的若干意见》	国家发展改革委等4个部门	把特色小镇和小城镇建设作为供给侧结构性改革的重要平台，促进新型城镇化建设和转型升级
2018年1月	《省级政府耕地保护责任目标考核办法》	国务院办公厅	采取年度自查、期中检查、期末考核相结合的方法检查耕地占补平衡、高标准农田建设等方面情况
2018年2月	《关于全面实行永久基本农田特殊保护的通知》	国土资源部	加快构建数量、质量、生态"三位一体"耕地保护新格局，建立健全永久基本农田"划、建、管、补、护"长效机制
2018年2月	《2018—2020年农机购置补贴实施指导意见》	农业部办公厅、财政部办公厅	明确补贴范围和补贴机具、补贴对象和补贴标准，以及资金分配使用和操作流程
2018年9月	《乡村振兴战略规划（2018—2022年）》	中共中央、国务院	到2020年，乡村振兴的制度框架和政策体系基本形成，各地区各部门乡村振兴的思路举措得以确立，全面建成小康社会的目标如期实现。到2022年，乡村振兴的制度框架和政策体系初步健全
2018年9月	《乡村振兴科技支撑行动实施方案》	农业农村部办公厅	集聚科技、产业、金融及资本等多种创新要素，着力开展关键技术、生态循环、典型引领以及生产经营主体创新，明显增强科技对于农业发展的竞争力以及对于农村生态环境的支撑能力

发布时间	政策名称	发布机构	相关内容
2018年10月	《促进乡村旅游发展提质升级行动方案（2018—2020年）》	国家发展改革委、财政部、人力资源社会保障部等13个部门	补齐乡村旅游道路和停车设施建设短板，加大对贫困地区旅游基础设施建设项目推进力度；鼓励和引导民间投资通过PPP、公建民营等方式参与一定收益的乡村基础设施建设和运营，扩展乡村旅游经营主体融资渠道
2019年1月	《关于金融服务乡村振兴的指导意见》	中国人民银行等5个部门	坚持农村金融改革发展的正确方向，健全适合乡村振兴发展的金融服务组织体系；明确金融重点支持领域，加大金融资源向乡村振兴重点领域和薄弱环节的倾斜力度；强化金融产品和服务方式创新，更好满足乡村振兴多样化融资需求；建立健全多渠道资金供给体系，拓宽乡村振兴融资来源；加强金融基础设施建设，营造良好的农村金融生态环境；完善政策保障体系，强化政策激励和约束；加强组织领导，有效推动政策落实
2019年2月	《关于乡村振兴战略下加强水产技术推广工作的指导意见》	农业农村部	围绕渔业提质增效、减量增收、绿色发展、富裕渔民的发展目标，按照绿色兴渔、质量兴渔、品牌强渔等工作要求，建立健全工作体系，全面提升服务乡村振兴、服务现代渔业的能力和水平
2019年5月	《关于加强村庄规划促进乡村振兴的通知》	自然资源部办公厅	坚持先规划后建设，通盘考虑土地利用、产业发展、居民点布局、人居环境整治、生态保护和历史文化传承。坚持农民主体地位，尊重村民意愿，反映村民诉求。坚持节约优先、保护优先，实现绿色发展和高质量发展
2019年6月	《关于促进乡村产业振兴的指导意见》	国务院	从7个方面提出28项具体措施促进乡村产业振兴
2020年7月	《全国乡村产业发展规划（2020—2025年）》	农业农村部	发掘乡村功能价值，强化创新引领，突出集群成链，延长产业链，提升价值链，培育发展新动能。聚集重点产业，聚集资源要素，大力发展乡村产业，为农业农村现代化和乡村全面振兴奠定坚实基础

续表

发布时间	政策名称	发布机构	相关内容
2020年11月	《关于推介乡村振兴人才培养优质校的通知》	农业农村部办公厅、教育部办公厅	围绕地方主导特色产业开展人才培养，因地制宜、因材施教，贯穿中华优秀传统文化，开展耕读教育，培养生产经营能力优、科学文化素质高、社会责任感强的现代农民
2021年1月	《关于全面推进乡村振兴加快农业农村现代化的意见》	中共中央、国务院	深入推进农业供给侧结构性改革，把乡村建设摆在社会主义现代化的重要位置。支持地方政府发行一般债券和专项债券用于现代农业设施建设和乡村建设
2021年2月	《关于加快推进乡村人才振兴的意见》	中共中央办公厅、国务院办公厅	落实中共中央、国务院有关决策部署，促进各类人才投身乡村建设
2021年4月	《关于2021年银行业保险业高质量服务乡村振兴的通知》	中国银保监会办公厅	鼓励银行业金融机构建立服务乡村振兴的内设机构，完善专业化工作机制，从信贷审批流程、授信权限、产品研发、经济资本配置、内部资金转移定价、人员配备、考核激励、费用安排等方面予以政策倾斜
2021年4月	《中华人民共和国乡村振兴促进法》	第十三届全国人大常委会	促进乡村振兴应当按照产业兴旺、生态宜居、乡风文明、治理有效、生活富裕的总要求，统筹推进农村经济建设、政治建设、文化建设、社会建设、生态文明建设和党的建设，充分发挥乡村在保障农产品供给和粮食安全、保护生态环境、传承发展中华优秀传统文化等方面的特有功能
2021年5月	《关于实现巩固拓展教育脱贫攻坚成果同乡村振兴有效衔接的意见》	教育部等4个部门	完善政策保障，优化教育财政支出重点，聚焦支持脱贫地区巩固拓展教育脱贫攻坚成果和乡村振兴，适当向国家乡村振兴重点帮扶县倾斜
2021年5月	《关于巩固拓展交通运输脱贫攻坚成果全面推进乡村振兴的实施意见》	交通运输部	一体推进全国交通运输服务支撑乡村振兴战略，夯实交通强国建设基础，为畅通城乡经济循环，促进农业高质高效、乡村宜居宜业、农民富裕富足，加快农业农村现代化提供有力支撑

发布时间	政策名称	发布机构	相关内容
2021年11月	《"十四五"支持革命老区巩固拓展脱贫攻坚成果衔接推进乡村振兴实施方案》	国家发展改革委等15个部门	健全革命老区脱贫地区长效帮扶机制，推动革命老区城乡融合发展，支持革命老区特色产业发展，完善政策体系和组织保障
2021年12月	《国家通用语言文字普及提升工程和推普助力乡村振兴计划实施方案》	教育部、国家乡村振兴局、国家语委	实施三大行动，即民族地区推普攻坚行动、推普助力乡村振兴计划、国家通用语言文字高质量普及行动
2021年12月	《加快农村能源转型发展助力乡村振兴的实施意见》	国家能源局、农业农村部、国家乡村振兴局	巩固光伏扶贫工程成效、持续提升农村电网服务水平、支持县域清洁能源规模化开发、推动千村万户电力自发自用、积极培育新能源+新产业、推动农村生物质资源利用、鼓励发展绿色低碳新模式新业态、大力发展乡村能源站、推动农村生产生活电气化等
2022年1月	《中共中央 国务院关于做好2022年全面推进乡村振兴重点工作的意见》	中共中央、国务院	守住两条底线任务：保障国家粮食安全和不发生规模性返贫；做好三方面重点工作：乡村发展、乡村建设、乡村治理；推动实现"两新"：乡村振兴取得新进展、农业农村现代化迈出新步伐
2022年3月	《关于推动文化产业赋能乡村振兴的意见》	文化和旅游部、教育部等6个部门	以社会主义核心价值观为引领，统筹优秀传统乡土文化保护传承和创新发展，充分发挥文化赋能作用，推动文化产业人才、资金、项目、消费下乡，促进创意、设计、音乐、美术、动漫、科技等融入乡村经济社会发展，挖掘提升乡村人文价值，增强乡村审美韵味，丰富农民精神文化生活，推动人的全面发展，焕发乡村文明新气象，培育乡村发展新动能
2022年5月	《乡村建设行动实施方案》	中共中央办公厅、国务院办公厅	到2025年，乡村建设取得实质性进展，农村人居环境持续改善，农村公共基础设施往村覆盖、往户延伸取得积极进展，农村基本公共服务水平稳步提升，农村精神文明建设显著加强，农民获得感、幸福感、安全感进一步增强

续表

发布时间	政策名称	发布机构	相关内容
2022年5月	《关于支持加快农产品供应链体系建设 进一步促进冷链物流发展的通知》	财政部办公厅、商务部办公厅	按照"强节点、建链条、优网络"工作思路,在已实施农产品供应链体系建设工作基础上,进一步聚焦补齐冷链设施短板,提高冷链物流质量效率,建立健全畅通高效、贯通城乡、安全规范的农产品现代流通体系
2022年6月	《关于推进金融支持农业现代化示范区建设的通知》	农业农村部计划财务司、农业农村部发展规划司、国家开发银行办公室、中国农业发展银行办公室	拟创新推广县域全方位综合化金融服务模式,为符合条件的示范区探索提供长期、稳定、大额、低成本信贷资金,支持示范区建设
2022年7月	《关于开展2022年"百县千乡万村"乡村振兴示范创建的通知》	农业农村部、国家乡村振兴局	聚集资源、聚合力量,创建一批乡村振兴示范县、示范乡镇、示范村,探索不同区域全面推进乡村振兴的组织方式、发展模式和要素集聚路径,促进农业高质高效、乡村宜居宜业、农民富裕富足
2022年7月	《现代农业产业技术体系建设专项管理办法》	农业农村部、财政部	建立新型农业科研组织模式;及时发现和解决生产中的技术难题,促进农业产业现代化。体系建设专项资金主要由中央财政负担,鼓励地方、企业投入资金。中央财政拨款应当单独核算,专款专用
2022年9月	《农业生产"三品一标"提升行动有关专项实施方案》	农业农村部办公厅	要典型引路整体推进。总结提炼一批各具特色的模式机制,综合运用传统媒体和新媒体,加强宣传推介力度,营造推进农业生产"三品一标"良好氛围
2022年9月	《关于扩大当前农业农村基础设施建设投资的工作方案》	农业农村部、水利部、国家发展改革委等八部委	紧紧围绕扩大有效投资、提升农业综合生产能力,以重大项目设计为支撑,用好投融资政策工具,完善市场化运作机制,加快农业农村基础设施建设进度,尽快形成实物工作量,为保供防通胀、稳住经济大盘奠定坚实基础

发布时间	政策名称	发布机构	相关内容
2022年9月	《"百校联百县兴千村"行动实施方案》	国家乡村振兴局	突出抓好乡村人力资本开发,大力引导高等学校人才技术下乡,加强乡村建设规划咨询、人才培养、技术支持、农民辅导、学生实践服务,探索智力下乡机制、校地共建机制、陪伴式建设机制
2022年9月	《建设国家农业绿色发展先行区 促进农业现代化示范区全面绿色转型实施方案》	农业农村部办公厅、国家发展改革委办公厅、生态环境部办公厅、中国人民银行办公厅等5个部门	以绿色发展为导向,以加强农业资源保护利用、农业面源污染防治、农业生态保护修复和打造绿色低碳农业产业链为重点,以实现资源利用集约化、投入品减量化、废弃物资源化、产业模式生态化为目标,强化技术集成与推广应用,健全激励约束机制,搭建先行先试平台,探索绿色低碳循环发展引领农业现代化建设模式
2022年11月	《2022—2023年国家乡村振兴重点帮扶县"农村青年主播"培育工作方案》	农业农村部科技教育司、共青团中央青年发展部	面向国家乡村振兴重点帮扶县制定培育计划,纳入本省(自治区、直辖市)高素质青年农民专题培训安排,联合省级团委制定方案、遴选学员、共同实施
2023年1月	《中共中央 国务院关于做好2023年全面推进乡村振兴重点工作的意见》	中共中央、国务院	抓紧抓好粮食和重要农产品稳产保供,加强农业基础设施建设,强化农业科技和装备支撑,巩固拓展脱贫攻坚成果,推动乡村产业高质量发展,拓宽农民增收致富渠道,扎实推进宜居宜业和美乡村建设,健全党组织领导的乡村治理体系,强化政策保障和体制机制创新

附录2　帮镇扶村工作队的工作照

肇庆市高要区莲塘镇帮镇扶村工作队

肇庆市高要区金利镇帮镇扶村工作队

肇庆市高要区白土镇帮镇扶村工作队

肇庆市高要区金渡镇帮镇扶村工作队

肇庆市高要区蛟塘镇帮镇扶村工作队

茂名市高州市镇江镇帮镇扶村工作队

茂名市化州市文楼镇帮镇扶村工作队

潮州市潮安区龙湖镇帮镇扶村工作队

清远市阳山县七拱镇帮镇扶村工作队

清远市阳山县小江镇帮镇扶村工作队

清远市连州市西岸镇帮镇扶村工作队

清远市连州市东陂镇帮镇扶村工作队

清远市连州市大路边镇帮镇扶村工作队